K.J.T. 1872

# Das Gesetz für Elsaß-Lothringen
vom 19. Juni 1906
über
# das Unschädlichkeitszeugnis
nebst den Materialien.

Mit Erläuterungen herausgegeben
von

**Hugo Molitor,**
Ministerialrat.

---

Straßburg
Verlag von Karl J. Trübner
1907.

M. DuMont Schauberg, Straßburg.

# Inhaltsverzeichnis.

# Vorwort.

Die vorliegende erläuternde Ausgabe des Gesetzes über das Unschädlichkeitszeugnis erscheint später, als es beabsichtigt war. Das bedauere ich selbst am meisten, ohne jedoch es haben hindern zu können; denn die Last der Dienstgeschäfte erlaubte nach der Verabschiedung des Gesetzes mir nur selten, auf den Gegenstand zurückzukommen. Grade das vorliegende Gesetz bietet der Anwendung ohne Kenntnis der Materialien, die den Amtsgerichten fehlen, gewisse Schwierigkeiten. Die Begründung des in unveränderter Fassung zum Gesetze gewordenen Entwurfs wie der Bericht der Kommission des Landesausschusses, sind deshalb im Anhang aufgenommen, und in den Erläuterungen ist jeweils auf die einschlägige Stelle dieser Materialien hingewiesen. Im übrigen glaube ich in den Bemerkungen zu den einzelnen Vorschriften alles gesagt zu haben, was dem Verständnis und der Handhabung des Gesetzes dienlich und für seine richtige Anwendung förderlich ist.

Straßburg im Juni 1907.

**Molitor.**

Wir Wilhelm, von Gottes Gnaden Deutscher Kaiser, König von Preußen ꝛc.

verordnen im Namen des Reichs, für Elsaß-Lothringen, nach erfolgter Zustimmung des Bundesrats und des Landesausschusses was folgt:

§ 1.

Im Falle der Veräußerung[1]) eines Teiles eines Grundstücks[2]) wird dieser Teil von den Belastungen[3]) des Grundstücks befreit, wenn von dem Amtsgerichte, bei welchem das Grundbuch für das Grundstück geführt wird[4]), festgestellt wird, daß die Rechtsänderung für die Berechtigten[5]) unschädlich ist (Unschädlichkeitszeugnis). Lasten des öffentlichen Rechtes bleiben unberührt[6]).

Das Unschädlichkeitszeugnis darf nur erteilt werden, wenn

1. das Trennstück im Verhältnisse zum ganzen Grundstück oder, falls die Belastungen sich auf mehrere Grundstücke erstrecken, im Verhältnisse zu der Gesamtheit der belasteten Grundstücke von geringem Umfang und Werte ist[7]) [8]) und
2. ein Nachteil für die Berechtigten nicht zu besorgen ist[9]) oder der durch die lastenfreie Abtrennung des Trennstücks eintretende Nachteil durch die Belastung eines anderen Grundstücks, durch eine sonstige Rechtsänderung oder durch eine Geldleistung ausgeglichen werden[10—12]).

Die Ausgleichung in Geld ist nur in Ansehung von Hypotheken, Grundschulden und Rentenschulden zulässig; sie hat sich nach der Wertminderung zu bestimmen, die durch die Abtrennung für das Grundstück eintritt[10–12]).

Das Unschädlichkeitszeugnis kann auf einzelne Belastungen beschränkt werden[13]).

1. Veräußerung ist jede Art der Abtretung, entgeltliche oder unentgeltliche, kauf- oder tauschweise. Vgl. Begr. S. 36. — Es ist gleichgültig, ob die Veräußerung nach oder vor dem Inkrafttreten des Gesetzes stattgefunden hat (§ 11).

2. Wesentlich ist, daß es sich um Abtrennung eines Grundstücksteils handelt. Nicht unter die Vorschrift fällt daher die Veräußerung eines von mehreren gemeinsam belasteten Grundstücken; vgl. hierzu Komm.-Ber. S. 52.

3. In Betracht kommen vorwiegend Hypotheken, Grund- und Rentenschulden, aber auch jedes andere Privatrecht am Grundstück kann Gegenstand eines Unschädlichkeitszeugnisses sein. Vgl. hinsichtlich der einzelnen Rechte Begr. S. 37 und unten Bem. 5. Auch eine Belastung, die in Wirklichkeit nicht mehr besteht, aber auf dem Grundstücke noch eingetragen ist (z. B. eine altrechtliche Hypothek) kann Gegenstand eines Unschädlichkeitszeugnisses sein, wenn die Löschung aus besonderen Gründen nicht oder nur mit unverhältnismäßigen Schwierigkeiten zu erreichen ist; der Grundstückseigentümer kann in solchen Fällen nicht schlechter gestellt sein, wie der Eigentümer eines wirklich belasteten Grundstücks, zumal er dem Zugriffe des eingetragenen Berechtigten ausgesetzt bliebe. Dies wird auch gelten müssen, wenn eine Hypothek durch Tilgung oder Erlöschen der Forderung Eigentümerhypothek geworden ist, der Eigentümer aber den zur Umschreibung erforderlichen Nachweis nicht zu erbringen vermag, die Hypothek daher noch die Vermutung der Gläubigerhypothek für sich hat (§ 891 Bgr.).

4. Diese Bestimmung der Zuständigkeit beruht auf Zweckmäßigkeitsgründen (Begr. S. 36). Vgl. insbesondere wegen der wünschenswerten Einheit des zuständigen Gerichts mit dem Grundbuchamte die Bem. 27 und 45 am Ende. Das Verfahren auf Erlangung des Unschädlichkeitszeugnisses ist aber nicht Grundbuchsache, sondern reines Ver-

fahren der freiw. Gerichtsbarkeit im Sinne des § 1 Abs. 1 Ausf.-Ges. z. Reichsges. über die Angel. der freiw. Gerbkt. In Anwendung kommen also z. B. hinsichtlich der Offizialtätigkeit des Gerichts, der Ablehnung der Gerichtspersonen, der Beschwerde usw. nicht die Vorschriften der Grundb.-Ordn., sondern diejenigen des R.G. über freiw. Gerbkt. und die ergänzenden Vorschriften des Landesrechts. Vgl. hierzu Molitor A.G. z. R.G. F.G. Bem. 5 zu § 1 und hier unten Bem. 27, 39. — Der Antrag auf Erteilung eines Unschädlichkeitszeugnisses ist demgemäß nicht etwa in das Tagebuch für Grundbuchsachen, sondern in das Beschlußregister Abt. XIII (allgem. Verfg. v. 6. XII 1899 Art. 50, Geschäftsordn. für die Gerichtsschr. der Amtsger. § 64) einzutragen; die erwachsenden Akten sind nicht zu den Anlagen des Grundbuchs (Eigentumbuchs) zu nehmen, sondern gemäß Art. 50 Abs. 1 der erwähnten allg. Verf. v. 6. XII 1899 aufzubewahren. Vgl. bezüglich des Grundbuchamts insbes. die Bem. 42, 47.

Der fraglichen Vorschrift des § 1 und ihrem Zwecke wird es entsprechen, wenn bei Amtsgerichten, die mit mehreren Richtern besetzt sind, die Bearbeitung der Anträge auf Erteilung von Unschädlichkeitszeugnissen demjenigen Richter übertragen wird, der die Geschäfte des Grundbuchamts wahrzunehmen hat. Vgl. die Verordn. des Reichskanzlers zur Ausführung der Reichsjustizgesetze v. 13. VI. 1879 § 2 und § 3 Abs. 2 A.G. z. Grundb.-Ordn. Wegen der Zuweisung der Unschädlichkeitssachen an die früheren Hypothekenbewahrer vgl. § 9 Abs. 4, Begr. S. 36 und Komm.-B. S 57.

5. Berechtigt sind die Inhaber von Privatrechten jeder Art, mögen sie ein Recht unmittelbar am Grundstück oder ein Recht an einem solchen Rechte (z. B. ein Pfandrecht an einer Hypothek) haben. Vgl. im einzelnen die Begr. zu § 1, Abs. 3 bis 5 (S. 37) und wegen des Vorkaufsrechts im besonderen noch die Begr. S. 38 und 45. Die Begr. erwähnt S. 38 auch kurz Überbau- und Notwegrenten. Eine nähere Prüfung ergibt jedoch, daß diese Rentenrechte für das Unschädlichkeitsverfahren kaum in Betracht kommen können. Es finden zwar auf sie die Vorschriften über die zugunsten des jeweiligen Eigentümers eines Grundstücks bestellten Reallasten Anwendung (B.G.B. § 914, § 917 Abs. 3); infolgedessen haften im Falle der Teilung die Eigentümer der einzelnen Teile als

Gesamtschuldner (§ 1108 Abs. 2). Man könnte also daran denken, in Ansehung eines einzelnen Teiles die Befreiung des Eigentümers durch Unschädlichkeitszeugnis zu ermöglichen. Allein das Rentenrecht ist seinem Wesen nach von der Reallast verschieden: Die Rente ist nicht, wie die Leistung bei der Reallast (§ 1105) „aus dem Grundstücke" zu entrichten: sie belastet überhaupt weniger ein bestimmtes Grundstück dinglich, als vielmehr den jeweiligen Eigentümer desselben persönlich, was bei der Reallast nur nebenher und nicht notwendig der Fall ist (§ 1108 Abs. 1). Handelte es sich um eine dingliche Belastung, um ein Recht am Grundstück im eigentliche Sinne, so müßte der Umfang des belasteten Grundstücks irgendwie bei der Begründung festgestellt werden, was bekanntlich, da das Rentenrecht nicht eingetragen wird, nicht geschieht. Daß die Rentenrechte der §§ 912, 917 B.G.B. auf eine Befriedigung aus dem Grundstücke nicht abzielen, ergibt sich aus § 52 Zw. Verst.-Ges., wonach sie auch im Falle der Zwangsversteigerung schlechthin bestehen bleiben. Man wird also zu fragen haben: welches ist das Grundstück, dessen jeweiliger Eigentümer die Rente zu entrichten hat (und das als solches doch immer erkennbar sein muß)? Das ist m. Er. nicht das ganze Grundstück in der Ausdehnung, die es beim Überbau oder beim Notwegverlangen des Eigentümers in dessen Hand zufällig hat, sondern es ist im Falle des Überbaues nur diejenige Fläche, die das zum Teil über die Grenze tretende Gebäude trägt, und im Falle des Notwegs nur dasjenige Grundstück, das zur Verbindung mit dem öffentlichen Wege Nachbarboden beansprucht. Wird also z. B. von einem eingeschlossenen Grundstücke des A., das einen Notweg über das südlich gelegene Grundstück des B. beansprucht, ein nördlicher Teil an den C. veräußert, der seinerseits eine Verbindung mit dem öffentlichen Wege hat, so bedarf es für den abgetrennten Teil keines Unschädlichkeitszeugnisses; der neue Eigentümer des Trennstücks wird vielmehr durch den Erwerb des letzteren mit der Notwegrente gar nicht belastet. Nur wenn das eingeschlossene Grundstück derart geteilt wird, daß beide Teile des Notwegs bedürfen, haften beide Eigentümer gemäß §§ 917 Abs. 2, 914 Abs. 3 B.G.B. und zwar nach § 1108 Abs. 2 als Gesamtschuldner für die Rente. Aber da diese Haftung für den neuen Teileigentümer nicht sowohl auf der früheren Zugehörigkeit seines Teiles zum Grundstück des ursprünglich Verpflichteten, sondern für jeden Teileigentümer unmittelbar auf § 917 Abs. 1 B.G.B. beruht, kann den neuen Eigentümer von der Haftung auch kein Unschädlichkeitszeugnis befreien. Die Notwegrente (von der Überbaurente gilt das Gleiche) ist keine Belastung des Grundstücks im eigentlichen Sinne, wie sie Art. 119 Einf.-Ges. z. B.G.B. voraussetzt. And. Ansicht Prot. VI S. 440 und ihnen folgend ohne Begründung Planck zu Art. 120 E.G. Note 1b, Staudinger unter F. — Zu den Belastungen, die gemäß § 1 für das Unschädlichkeitszeugnis in Betracht kommen, gehören außer den wirklichen dinglichen Rechten auch die vorgemerkten dinglichen Rechte; denn die Vormerkung des Anspruchs auf Begründung eines dinglichen Rechtes sichert dem Anspruch bereits Wirkung gegen Dritte (§ 883 B.G.B.). Nicht aber dürfen hierher gerechnet werden die durch Vormerkung gesicherten Ansprüche auf Übertragung oder Rückübertragung des Eigentums (also auch nicht z. B. die altrechtlichen Auflösungsrechte): denn diese Ansprüche, die schon dem Wortlaute nach nicht unter den Vorbehalt des Art. 120 E.G. z. B.G.B. und des § 1 des vorl. Gesetzes zu bringen sind, gehen nicht auf Begründung von Rechten, für die die Teilveräußerung unter Umständen unschädlich ist, sondern sie ergreifen den Bestand des Eigentums in der Hand des späteren Veräußerers selbst. — Ebenso wenig gehören zu den Belastungen im Sinne des § 1 die Verfügungsbeschränkungen.

6. Lasten des öffentlichen Rechtes im Sinne der Vorschrift sind die im § 6 Ausf.-Ges. zum Zw. Verst. G. bezeichneten „öffentlichen Lasten eines Grundstücks", die nach § 10 Nr. 3 und § 156 Zw. Verst. G. ein Recht auf Befriedigung aus dem Grundstücke gewähren und somit wie die dinglichen Lasten des Privatrechts von dem Erwerber (nicht ohne weiteres als persönlichem Schuldner, wohl aber als Grundstückeigentümer) zu tragen sind. Vgl. §§ 436, 1047 B.G.B. sowie die Entsch. des Kaiserlichen Rates v. 23. Juni 1906, Nr. 443 der Zusammenstellung der Entsch.) — Ob eine Befreiung von diesen Lasten eintreten kann, unterliegt der Bestimmung der zuständigen Verwaltungsbehörde bezw. den für die fraglichen Lasten maßgebenden Gesetzen.

7. Immer ist also erste Voraussetzung für die Erteilung des Unschädlichkeitszeugnisses, daß der Grundstücksteil, um dessen

Befreiung von den Grundstückslasten es sich handelt, im Verhältnisse zum ganzen (Einzel- oder Gesamtbelastungs-) Objekt a) nach **Umfang**, b) nach **Wert** gering ist. Das vorwiegende ist hierbei in Ansehung solcher Rechte, die auf Befriedigung **aus dem Grundstücke** gehen (Hypotheken, Grund- und Rentenschulden, Reallasten[1]) der **geringe Wert**. Denn ob das Trennstück **räumlich** einen größeren oder geringeren Teil des Ganzen bildet, ist in solchen Fällen dann von minderem Belang, wenn der abzutrennende Teil seiner Beschaffenheit nach (z. B. felsiger oder sandiger Boden) den Wert des Reststücks nur wenig berührt. Immerhin stellt das Gesetz die **beiden** Erfordernisse nebeneinander auf, da auf diese Weise das schutzwürdige Interesse der dinglich Berechtigten von vornherein gewahrt, auch ein Bedürfnis nach dem hier geregelten einfachen Unschädlichkeitsverfahren im allgemeinen nur hinsichtlich verhältnismäßig kleiner Bodenflächen anzuerkennen ist. In anderen Fällen, wo das Grundstück nicht oder **nicht nur als Wertobjekt, sondern als Sachindividuum** dient (bei Nießbrauch, Grunddienstbarkeit usw., vgl. Bem. 10 Buchst. c), gewinnt das Erfordernis eines verhältnismäßig geringen Umfangs auch vermehrte unmittelbare Bedeutung.

Ein **bestimmtes** Größenverhältnis zwischen Trennstück und Reststück ist nicht erfordert. Das Ermessen des Richters entscheidet (vgl. K. B. S. 55).

8. Erstreckt sich die Belastung auf mehrere Grundstücke (Gesamthypothek), so darf das Trennstück räumlich sowie dem Werte nach einen größeren Teil eines Grundstücks bilden, wenn es nur im Verhältnisse **zu der Gesamtheit** der belasteten Grundstücke gering und geringwertig erscheint. Selbstverständlich gilt dies aber nur, soweit es sich um die Befreiung von der **auf die mehreren Grundstücke** erstreckten Last handelt. Besteht also z. B. an einem Grundstücke von 25 Ar Flächen-

[1]) Nach § 10 Nr. 4, 6 gewähren zwar die Ansprüche aus allen dinglichen Rechten ein Recht auf Befriedigung aus dem Grundstücke. Nichtsdestoweniger sind Rechte, die ihrer Natur nach auf Befriedigung aus dem Grundstücke gerichtet sind, nur die Hypotheken, Grund- und Rentenschulden und die Reallasten. Bezüglich der anderen dinglichen Rechte kommt die Befriedigung aus dem Grundstücke nur hinsichtlich des **Anspruchs** in Frage, der beim Erlöschen des Rechtes selbst durch den Zuschlag im Zwangsversteigerungsverfahren an die Stelle des Rechtes gegenüber dem Versteigerungserlöse tritt (Zw. V. G. § 92).

gehalt und im Werte von 5000 M. eine Hypothek für 2000 M., die sich aber als Gesamthypothek auf weitere Grundstücke im Gesamtwerte von 25000 M. im ersten Range erstreckt, und daneben an jenem Grundstück allein eine (Einzel-) Hypothek für 1000 M, so kann wohl ein von dem Grundstück abzutrennender Teil in der Größe von 5 Ar und im Werte von 1000 M. in Ansehung der Gesamthypothek als ein geringer und geringwertiger angesehen werden, weil er im Verhältnisse zur Gesamtheit der belasteten Grundstücke immerhin von geringer Bedeutung (verhältnismäßig klein und nur 1/30 des Wertes) ist, aber ein Unschädlichkeitszeugnis dürfte nicht auch in Ansehung der Einzelhypothek von 1000 M. erteilt werden, da in Ansehung ihres (einzigen) Belastungsgegenstandes das Trennstück weder dem Umfange noch dem Werte nach gering ist (vgl. hierzu die Vorschrift des § 1 Abs. 3 über das beschränkte Unschädlichkeitszeugnis). Daß nach dem Ergebnisse der Wertabschätzung die Hypothek mit 1000 M. neben der Gesamthypothek mit 2000 M. aus dem Reststücke (20 Ar im Werte von 4000 M.) doch noch befriedigt werden könnte, ist gleichgiltig; denn Abschätzungen solcher Art sind unsicher und das Maßgebende ist, daß — unabhängig von jeder Befriedigungsmöglichkeit — die Geringfügigkeit des Umfangs und des Wertes im Verhältnis zum Belastungsgegenstand erstes gesetzliches Erfordernis ist.

9. Ist die erste gesetzliche Voraussetzung — verhältnismäßige Kleinheit und Geringwertigkeit des Trennstücks — erfüllt, so ist zu fragen: Ist die einfache lastenfreie Abtrennung ohne Nachtheil für die Berechtigten? Dies ist der Fall, wenn der Wert des Restgrundstücks ohne Zweifel zur Befriedigung aller Hypotheken-, Grundschuld- oder Rentenschuldgläubiger oder Reallastberechtigten hinreicht, wenn der Wegfall des Trennstücks für ein Nießbrauchs- oder Gebrauchsrecht, bedeutungslos ist, oder wenn eine Grunddienstbarkeit von dem Wegfall des Trennstücks nicht berührt wird. Ohne Nachteil ist die Lasten-Befreiung des Trennstücks für die Berechtigten auch dann, wenn durch die Abtrennung an sich zwar ein Nachteil für sie eintreten würde, dieser Nachteil aber durch den Zweck der Abtrennung wieder ausgeglichen wird (z. B. Abtrennung zum Zwecke der Herstellung einer Straße, die den Wert des Grundstücks entsprechend erhöht). Voraussetzung ist letzteren Falles aber, daß jener Zweck unbedingt sicher gestellt ist; vgl. Begr. S. 42.

Wegen der richterlichen Feststellung, welche Wirkung die Abtrennung hat, vgl. noch Bem. 25 Buchst. f am Ende.

10. Ist durch die lastenfreie Abtrennung des (geringen und geringwertigen!) Grundstücksteils von dem Hauptgrundstück ein Nachteil für einen Berechtigten zu besorgen, die Unschädlichkeit also nicht zweifellos, so kann das Unschädlichkeitszeugnis dennoch erteilt werden, aber nur unter der Voraussetzung einer Ausgleichung, die im Gesetze in bestimmter Weise normiert ist. Ausgleichungsmittel sind:

a) die ersatzweise Belastung eines anderen Grundstücks an Stelle des wegfallenden Teilstücks — das Ersatzgrundstück kann demselben Eigentümer oder einem Dritten gehören (solchen Falls vgl. Bem. 12);

b) eine sonstige Rechtsänderung (z. B. Einräumung des Vorrangs für das gefährdete Recht vor einem anderen nicht gefährdeten Rechte, etwa für eine Einzelhypothek vor einer durch andere Grundstücke sicher gestellten Gesamthypothek, ferner Löschung eines dem gefährdeten Rechte vorgehenden anderen Rechtes, Aenderung einer Dienstbarkeit, z. B. eines Ueberfahrtsrechts in seiner räumlichen Gestaltung u. dgl.). Vgl. in dieser Beziehung die Begr. S. 39.

c) Ausgleichung in Geld.

Hier besteht ein wesentlicher Unterschied, je nachdem es sich um die Ausgleichung des Nachteils rücksichtlich einer Hypothek, Grundschuld oder Rentenschuld oder rücksichtlich irgend eines anderen Rechtes handelt. Während die Gesetze anderer Staaten teils die Erteilung eines Unschädlichkeitszeugnisses nur in Ansehung der genannten Unterpfandsrechte kennen und dementsprechend die Ausgleichung in Geld ohne Einschränkung gestatten (Preußen, Bayern), teils das Unschädlichkeitszeugnis wie die Ausgleichung in Geld unterschiedslos in Ansehung aller Rechte zulassen (Hessen, Baden), läßt das els.-lothr. Gesetz das Unschädlichkeitszeugnis zwar in Ansehung aller dinglichen Rechte (soweit es nach deren Natur überhaupt in Frage kommen kann) zu, unterscheidet aber hinsichtlich der zulässigen Ausgleichung. Es läßt die Ausgleichung in Geld zu, wenn es sich entweder um Hypotheken, Grundschulden oder Rentenschulden handelt, da diese das Grundstück vorwiegend als Wertobjekt erfassen, in letzter Linie also eine Geldbefriedigung erstreben; es läßt die Ausgleichung in Geld dagegen nicht zu, wenn es sich um andere

Rechte handelt, bei denen das Grundstück mehr als Sachindividuum in Betracht kommt, eine Geldleistung dem Interesse des Berechtigten in der Regel also nicht entsprechen würde. Zu vgl. des Näheren die Begr. S. 40.

11. Auszugleichen ist der etwa eintretende Nachteil für die Berechtigten. Wo das Interesse der Berechtigten sich nach dem Werte des Belastungsobjekts bemißt, also vor allem bei Hypotheken, Grundschulden und Rentenschulden (Bem. 7, 10 Nr. 3), bestimmt sich der Nachteil und somit die Ausgleichung nach der Wertminderung, die das Grundstück durch den Wegfall des Trennstücks erfährt. Maßgebend für den Umfang der Wertminderung ist hierbei nicht schlechthin der Wert des Trennstücks. Denn der Wert des belasteten (ganzen) Grundstücks setzt sich nicht notwendig aus der Summe der gemeinen Werte des Trennstücks und des Reststücks zusammen, sondern er kann unter Umständen grade auf dem Zusammenhange der beiden Teile beruhen, und es kann daher die Wertminderung, die für die Berechtigten infolge der Abtrennung des Teiles entsteht, größer sein, als der Wert des Trennstücks, wie er z. B. in der Kaufsumme für dieses zum Ausdruck kommt. Liegt ein solcher Fall vor, so muß die Ausgleichung so bemessen werden, daß mittels ihrer der bisherige, mit auf dem Zusammenhang der Teile beruhende Wert des belasteten Grundstücks für die Berechtigten als Gegenstand der Befriedigung erhalten bleibt. Die Ausgleichung braucht sich also mit dem Werte des Trennstücks nicht notwendig zu decken. Vgl. Begr. S. 41.

Daß in Ansehung der genannten Unterpfandsrechte die Ausgleichung sich nach der Wertminderung zu bestimmen hat, die das Grundstück erfährt, ist im Gesetz nur für den Fall der Geldausgleichung ausdrücklich ausgesprochen. Das Gleiche gilt aber entsprechend auch bei einer Ausgleichung anderer Art, z. B. durch ersatzweise Belastung eines anderen Grundstücks; indessen ist die Geltung hier nur eine entsprechende, denn beim Ersatzgrundstück kommt nicht, wie bei einer Geldsumme, schlechthin der Geldeswert in Betracht, sondern es ist zu berücksichtigen, welchen Verpfändungswert das Ersatzgrundstück hat, ob also sein Wert nicht durch andere Rechte für den abzufindenden Berechtigten bereits herabgemindert ist. Danach ist sein Wert als Ausgleichungsgegenstand zu bestimmen.

12. Ob eine Ausgleichung erforderlich ist, bestimmt der Richter.

Die Anordnung einer Ausgleichung hängt nicht etwa davon ab, daß sie von einem Berechtigten verlangt wird, wenn auch der Richter über die Notwendigkeit der Ausgleichung gegebenenfalls die Beteiligten hören wird (§ 3 Abs. 3). — Auch Umfang und Art der Ausgleichung hat der Richter zu bestimmen. Und auch hierwegen wird er die Beteiligten, insbesondere den Antragsteller (Eigentümer), der die Voraussetzungen für die Erteilung des Unschädlichkeitszeugnisses darzutun hat (§ 3 Abs. 2), hören. Insbesondere, wenn es sich um Ausgleichung durch eine Rechtsänderung (durch Belastung eines Ersatzgrundstücks oder auf eine andere Art) handelt, sind die Betroffenen zunächst zu hören, und die Ausgleichung durch eine Rechtsänderung, die in die Rechte dritter Personen eingreift (fremdes Ersatzgrundstück, Vorrangeinräumung, Löschung eines vorausgehenden Rechtes usw.) kann nur in Frage kommen, wenn das Einverständnis der betroffenen Personen hierzu sicher gestellt ist (vgl. Bem. 25 Buchst. f). Aber einer grundbuchordnungsmäßigen Bewilligung dieser Personen bedarf es zur Realisierung der Rechtsänderung zufolge des § 5 Abs. 2 nicht.

Die Bestimmung von Art und Umfang der Ausgleichung erfolgt im Unschädlichkeitszeugnis (§ 4), das nach § 4 Abs. 2 den Beteiligten förmlich zuzustellen ist. Selbstverständlich können bei den zum Zwecke der Bestimmung erforderlichen Vorverhandlungen die erforderlichen Benachrichtigungen, Anfragen usw. formlos nach Art. 1 der allgem. Verf. v. 6. Dezember 1899 erfolgen.

13. Vgl. hierwegen Begr. S. 42, auch oben Bem. 8.

## § 2.

Soweit die Wertminderung in Geld ausgeglichen werden soll[14]), hat die Hinterlegung des Geldbetrags mit der Bestimmung zu erfolgen, daß zur Rückzahlung die Genehmigung des Amtsgerichts erforderlich ist[15]).

Der hinterlegte Betrag tritt für die Berechtigten[16]) mit dem Erlöschen ihres Rechtes an die Stelle des Trennstücks.[17]) Die Verteilung bestimmt sich nach den Vorschriften des § 32 des Gesetzes, betreffend die Ausführung des Reichsgesetzes über die Zwangsversteigerung und die Zwangsverwaltung, vom 13. November 1899 (Gesetzbl. S. 162); die Vorschrift des § 32 Ziff. 2 dieses Gesetzes findet keine Anwendung[18]). Vor den Kosten und Nebenleistungen ist der Hauptanspruch zu berücksichtigen[19, 20]).

Wird die Verteilung nicht verlangt[21]), so ist der Hinterleger zur Rücknahme des hinterlegten Betrags zu ermächtigen[22]).

14. Was nur in Ansehung von Hypotheken, Grundschulden und Rentenschulden statthaft ist; vgl. § 1 und dazu Bem. 10c.

15. Die Hinterlegung hat gemäß § 1 des Hinterlegungsgesetzes vom 1. November 1899 bei der Kasse der Staatsdepositenverwaltung zu erfolgen; außerhalb Straßburgs für Rechnung der Depositenverwaltung bei den Verkehrssteuerämtern, und zwar, wenn mehrere Aemter am Orte sind, bei dem Verkehrssteueramt II (Ausf.-Best. v. 23. XII. 1899, Amtsbl. S. 1112). Die Hinterlegung erfolgt auf Grund des Unschädlichkeitsbeschlusses (§ 4); Abschrift desselben ist der Hinterlegungserklärung beizufügen (Ausf.-Best. zum Hinterlegungsgesetz Art. 15). Wegen des Inhalts der Hinterlegungserklärung vgl. Art. 14 der Ausf.-Best. — Wegen der Rücknahme des hinterlegten Betrags vgl. Bem. 22.

16. Hypotheken-Grundschuld- oder Rentenschuld-Gläubiger; vgl. Bem. 10 Ziff. 3.

17. Die Ersatzwirkung der Hinterlegung (Geld an Stelle des Trennstücks) tritt nicht schon mit der Hinterlegung ein, sondern erst mit dem Erlöschen des Rechtes. Die Rechte erlöschen aber erst — sei es, daß es hierzu, weil sie eingetragen sind, der Löschung bedarf, sei es, daß sie, weil nicht eingetragen, ohne Löschung erlöschen — unter der Voraussetzung, daß der Eigentumswechsel an dem Trennstücke stattgefunden hat (§ 5). Vor dem Eintritte der Ersatzwirkung darf somit auch das Verteilungsverfahren nicht eingeleitet werden.

18. Nach dieser Bestimmung hätte der Antragsteller bis zum 1. Januar 1910 mit dem Antrag auf Eröffnung des Verteilungsverfahrens einen Auszug aus dem Hypothekenregister über die gegen den Eigentümer und dessen bekannte Rechtsvorgänger bestehenden Eintragungen vorzulegen. Diese Auflage konnte hier

in Wegfall kommen, da die dingliche Rechtslage bereits vor der Erteilung des Unschädlichkeitszeugnisses geprüft werden muß (vgl. § 3 Abs. 2, 3).

19. Zu vgl. hierwegen Begr. zu § 2, Abs. 4 (S. 43).

20. Hat die gerichtliche Verteilung stattgefunden, so hat das Gericht der Staatsdepositenverwaltung eine Abschrift des abgeschlossenen Verteilungsplanes zu übermitteln. Die Gläubiger haben mit dem Antrag auf Auszahlung die ihnen erteilte Zahlungsanweisung vorzulegen (Ausf.-Best. zum Hinterleg.-Ges. Art. 22).

21. Was sich auf Grund der nach § 4 Abs. 1 an die Berechtigten zu richtenden Aufforderung innerhalb Monatsfrist entscheidet.

22. Die Zurücknahme des Geldes liegt nicht im Belieben des Hinterlegers; sie darf vielmehr nur erfolgen, wenn die berechtigten Gläubiger, zu deren Sicherheit die Hinterlegung erfolgt ist, keinen Anspruch darauf machen (§ 4 Abs. 1 Satz 3) und dementsprechend das Gericht den Hinterleger zur Rücknahme ermächtigt.

## § 3.

Zum dem Antrag[23]) auf Erteilung des Unschädlichkeitszeugnisses ist vor der Eigentumsübertragung der Veräußerer, nach diesem Zeitpunkte der Erwerber des Trennstücks berechtigt[24]).

Der Antragsteller hat die Voraussetzungen für die Erteilung des Zeugnisses darzutun[25]) und über das Bestehen von Rechten, welche aus dem Grundbuche nicht ersichtlich sind, die erforderlichen Angaben zu machen[26]).

Das Amtsgericht hat die nötigen Ermittelungen zu veranstalten[27]); es soll die Berechtigten, falls dies ohne nachteilige Verzögerung und ohne unverhältnismäßige Kosten geschehen kann, vor der Entscheidung hören[28]).

§ 3 regelt das Verfahren zur Erwirkung des Unschädlichkeitszeugnisses. Dasselbe untersteht den allgemeinen Regeln der freiw. Gerichtsbarkeit (Bem. 4).

23. Das Verfahren tritt also nur auf Antrag ein. Wegen Eintragung des Antrags in das Beschlußregister s. Bem. 4.

24. Der Antrag kann also immer nur von dem Eigentümer des Trennstücks gestellt werden, d. i. nach seiner Abtrennung vom Hauptgrundstück vom Erwerber, vor seiner Abtrennung vom Eigentümer des ganzen Grundstücks (dem Veräußerer). In letzterem Falle — wenn das Trennstück noch nicht veräußert, mit dem Hauptgrundstück noch vereinigt ist — wird es nur für den Fall der Veräußerung erteilt und nur beim Eintritte dieses Falles wirksam (vgl. § 5 Abs. 1, 3 und Bem. 25 c). — Selbstverständlich ist es belanglos und unschädlich, wenn neben dem Eigentümer auch der andere Teil sich an der Antragstellung beteiligt.

25. Voraussetzungen für die Erteilung des Unschädlichkeitszeugnisses sind:

a) Die genaue Bezeichnung des Grundstücks und des davon abgetrennten oder abzutrennenden Trennstücks; zu vgl. wegen Vorlage einer Meßurkunde über die Formveränderung Begr. S. 44.

b) Wenn es sich im Zwischenrecht um den Fall handelt, daß das Trennstück noch nicht veräußert ist (Bem. 24), so muß das (ganze) Grundstück im Eigentumsbuch oder im vorläufigen Grundbuch eingetragen sein. Dies ist im § 9 Abs. 2 mit Rücksicht auf § 5 Abs. 4, 5 vorgeschrieben; vgl. Begr. S. 44. Ist das Teilstück schon auf den Erwerber übergegangen, wird also der Antrag von dem Erwerber gestellt, so braucht das Reststück nicht eingetragen zu sein, es genügt die durch die Veräußerung ohnehin erforderte Eintragung des Teilstücks. Vgl. hierzu Bem. 51 zu § 9 Abs. 2. — Wegen der jedenfalls seltenen Fälle, daß im Grundbuchgebiet ein Unschädlichkeitszeugnis hinsichtlich eines nicht eingetragenen Grundstücks beantragt wird, vgl. Begr. S. 44.

c) Es muß sich um die Veräußerung eines Grundstücksteils handeln (§ 1 Abs. 1 und Bem. 2). Entweder muß die Veräußerung bereits stattgefunden haben oder sie muß bevorstehen (Bem. 24). Das letztere hat der Antragsteller darzutun; das Unschädlichkeitszeugnis wird dann nur für den Veräußerungsfall erteilt und nur beim Eintritt dieses Falles wirksam (Begr. S. 45).

d) Der Antragsteller muß der Eigentümer des (zu veräußernden oder veräußerten) Grundstücksteils sein (Bem. 24).

Das Eigentum wird, damit dem für die Erteilung des Unschädlichkeitszeugnisses zuständigen Gericht immer das Grundbuchamt verbunden ist (Bem. 4), durch Bezugnahme auf das Grundbuch, das Eigentumsbuch oder vorläufige Grundbuch dargetan (B.G.B. § 891, Verord. über die Anlegung von Grundb. v. 18. IV. 1900 §§ 14, 31).

e) Voraussetzung ist ferner die verhältnismäßige Kleinheit und Geringwertigkeit des Teilstücks (vgl. Bem. 7, 8).

f) Darzutun ist sodann, daß durch die Befreiung des Teilstücks für die Berechtigten kein Nachteil zu besorgen ist (Bem. 9) oder, wenn ein Nachteil eintreten würde, daß dieser durch Ausgleichung im Sinne des § 1 Abs. 2 Nr. 2 beseitigt werden kann (vgl. hierwegen Bem. 10, 11). Darzutun ist somit regelmäßig insbesondere, ob und welche Wertminderung des Grundstücks durch die Abtrennung des Teiles entsteht. Die Bestimmung der Ausgleichung liegt zwar, wie in Bem. 12 ausgeführt ist, dem Richter ob. Allein er darf die Bestimmung, worauf dort weiter hingewiesen ist, nicht ohne weiteres und ohne Anhörung der Beteiligten treffen. Er hat vor allem darauf zu achten, ob der Eigentümer oder etwa ein Dritter für ihn sich zu einer Ausgleichung, und zu welcher, erbietet. Wird die Leistung der Ausgleichung verweigert, so ist nicht das Unschädlichkeitszeugnis unter Bestimmung einer zu leistenden Ausgleichung zu erteilen, sondern der Antrag ist abzuweisen. Denn, wenn auch die Ausgleichung erst nach Erlaß des Unschädlichkeitsbeschlusses zu leisten ist (§ 4 Abs. 1, § 5 Abs. 2, 3, 5), so ist doch die Bereitwilligkeit hierzu, welche dem Richter eine ausführbare Bestimmung ermöglicht, im Hinblick auf § 1 die Voraussetzung der Erteilung des Zeugnisses.

Ueber die Wirkung der Abtrennung in Ansehung der Wertverschiebung am Grundstücke wird unter Umständen ein Sachverständigen-Gutachten zu erfordern sein. Notwendig ist dies nicht; das richterliche Ermessen entscheidet. Vgl. hierwegen Begr. S. 43f.

26. Vgl. hierwegen Begr. S. 45. Nicht aus dem **Grundbuch** ersichtliche Rechte sind der Nießbrauch im Falle des § 1075 und die Sicherungshypothek im Falle des § 1287 B.G.B. sofern diese außerhalb des Grundbuchs entstandenen Rechte noch nicht im Wege der Berichtigung des Buches eingetragen sind, die altrechtlichen Grunddienstbarkeiten, sofern sie nicht auf be-

sonderen Antrag eingetragen sind (E.G. z. B.G.B. Art. 187, Grdb.=Anl.=Ord. § 31), ferner gewisse altrechtliche Rechte, die zwar eintragungsbedürftig, aber mangels Anmeldung bei der Grundbuchanlegung nicht rechtzeitig in das Grundbuch eingetragen worden sind und die trotz unterlassener Eintragung auch nach Anlegung des Grundbuchs mit Wirksamkeit gegen Dritte (vorbehaltlich des öffentlichen Glaubens) bestehen (E.G. z. B.G.B. Art. 184, 192, 193, A.G. § 77) und nur hinsichtlich ihres Ranges einer Verschlechterung ausgesetzt sind (K. Verordnung betr. Anlegung des Grundbuchs § 25, Grdb.=Anl.=Ord. § 29, § 36 Abs. 2, § 135). Dies sind letztwillig begründete und vertragsmäßige Nießbrauchs= und Gebrauchsrechte, die vertragsmäßigen jedoch, soweit sie schenkungsweise bestellt sind und unter Art. 941 C. c. fallen, nur unter der Voraussetzung, daß sie transskribiert sind (Ges. v. 25. III. 1855 Art. 11 Abs. 6; vergl. dagegen im übrigen Art. 3 desselben Gesetzes und Grdb.=Ges. v. 22. VI. 1891 §§ 4, 43), endlich die Hypotheken, vorausgesetzt, daß sie im Zeitpunkt, in dem das Grundbuch als angelegt anzusehen ist, durch Einschreibung in den Registern des Hypothekenamts oder den Büchern des Zwischenrechts wirksam gewahrt waren. — Für das Gebiet des **Zwischenrechts** ist zu beachten, daß die auf das Grundbuch bezügliche Vorschrift des § 3 Abs. 2 im § 9 nur auf das Eigentumsbuch und das vorläufige Grundbuch, nicht auf die hypothekenamtlichen Register für entsprechend anwendbar erklärt ist. Als nicht aus dem Buch ersichtliche Rechte kommen daher im Zwischenrecht außer den obenbezeichneten außerhalb des Buches zur Entstehung gelangten Rechten neuen Rechtes sowie den letztwillig begründeten Nießbrauchsrechten alten Rechtes alle bloß in den hypothekenamtlichen Registern eingetragenen bezw. überschriebenen, in das Eigentumsbuch oder vorläufige Grundbuch nicht übertragenen Rechte in Betracht, vorausgesetzt daß sie nicht nach § 113 Abs. 1 A.G. z. B.G.B. ihre Wirksamkeit gegenüber Dritten verloren haben.

Ueber das Bestehen aller vorgenannten Rechte hat also der Antragsteller die erforderlichen Angaben zu machen, unbeschadet allerdings der weiteren richterlichen Offizialtätigkeit, soweit nach der Sachlage hierfür ein Anlaß gegeben ist (Bem. 27). Ganz außer Betracht bleiben dagegen sowohl im Grundbuch= wie im Zwischenrechtsgebiete die altrechtlichen zwar gültig begründeten, aber nicht gegen Dritte wirksam gewahrten Hypotheken, also namentlich die mangels Erneuerung verfallenen Hypotheken. Wenn diese im Zwischenrecht auch ohne Bewilligung des Schuldners noch eingetragen werden können (A.G. z. B.G.B. § 109) und wenn man sie auch im Sinne des früheren Rechtes in gewissem Sinne als (unter den Parteien) bestehend bezeichnen kann, so begründet doch die spätere Eintragung erst von da ab gegen Dritte ein Recht, auf das folgeweise gegebenenfalls § 5 Abs. 4 Satz 2 Anwendung findet. Nach Grundbuchrecht begründet ein nicht eingeschriebenes Recht der fraglichen Art ohnehin nur den Anspruch auf Eintragung (A.G. z. B.G.B. § 77 Abs. 2 und hierzu Molitor S. 163 Bem. 16).

Selbstverständlich müssen auch die in die Liegenschaftsbücher eingetragenen Rechte festgestellt werden (§ 4 Abs. 1 Satz 2; §§ 5, 9); aber in dieser Beziehung kann der Antragsteller sich auf die Eintragungen berufen, bezw. das Gericht hat nach Abs. 3 die bezüglichen Feststellungen von Amts wegen zu machen.

27. Das Gericht darf sich mit den Angaben des Antragstellers nicht begnügen; es beginnt vielmehr nach der Stellung des Antrags für es die Pflicht zur Offizialtätigkeit im Sinne des § 12 R.G.F.G. (vgl. Bem. 4 zu § 1). Es hat also insbesondere den Bestand der dinglichen Rechte, der eingetragenen wie der nicht eingetragenen (Bem. 26), im Zwischenrecht auch unter Umständen durch Zurückgehen auf die hypothekenamtlichen Register sicher festzustellen und den Einfluß, welchen die Abtrennung des Teilstücks auf die Rechte hat, aufzuklären. So hat z. B., wenn zur Sicherung eines aus dem Buche nicht ersichtlichen, vielleicht zu Unrecht gelöschten Rechtes ein Widerspruch eingetragen ist, das Gericht, auch wenn der Antragsteller hierüber keine Angaben gemacht hat, dieses Recht zu berücksichtigen. Von Wichtigkeit ist es, den Bestand der Rechte im Zeitpunkte der Erteilung des Unschädlichkeitszeugnisses festzustellen; vgl. hierzu Bem. 45 am Ende. Ob ein Sachverständigen-Gutachten zu erheben ist, bleibt dem pflichtmäßigen Ermessen des Gerichts überlassen (vgl. Begr. S. 43f.) Ueber die am Grundstück eintretende Wertminderung wird bei entgeltlicher Veräußerung der Kaufpreis einen Anhalt geben; schlechthin maßgebend ist derselbe indessen nicht (vgl. Bem. 11).

28. Vgl. hierzu K.B. zu § 3 (S. 55). — Es handelt sich bei der Vorschrift des zweiten Halbsatzes des Abs. 3 unmittelbar

um die Anhörung der Berechtigten. Daß aber auch andere Personen unter Umständen zu hören sind, ergibt die Anwendung des im ersten Halbsatz ausgesprochenen Prinzips (Bem. 27). Die Begr. verweist insbesondere im Falle, daß der Erwerber den Antrag auf Erteilung des Zeugnisses stellt, auf die Anhörung des Veräußerers über das etwaige Bestehen nicht eingetragener Rechte (Begr. S. 45 und oben Bem. 26).

## § 4.

In dem Unschädlichkeitszeugnis[29]) ist, soweit die Wertminderung in Geld ausgeglichen werden soll[30]), der zu hinterlegende Betrag[31]), soweit die Ausgleichung durch die Belastung eines andern Grundstücks[32]) oder durch eine sonstige Rechtsänderung[33]) erfolgen soll, das Grundstück oder die Rechtsänderung zu bezeichnen[34]). Die Belastungen, von denen das Trennstück befreit oder das andere Grundstück ergriffen wird, sollen angegeben werden[35]). Im Falle der Ausgleichung durch Geld sind die Hypotheken-, Grundschuld- und Rentenschuldgläubiger aufzufordern, innerhalb eines Monats nach der Aufforderung dem Amtsgerichte gegenüber zu erklären, ob sie die gerichtliche Verteilung des hinterlegten Betrags verlangen[36]); es ist ihnen dabei zu eröffnen, daß die Unterlassung einer Erklärung als Verzicht auf das Recht an der Hinterlegungssumme gelte.

Die Verfügung, durch welche das Unschädlichkeitszeugnis erteilt wird, ist den Beteiligten[37]), die Verfügung, durch welche die Erteilung des Zeugnisses abgelehnt wird, ist dem Antragsteller zuzustellen[38]).

Gegen die Verfügung, durch welche das Unschädlichkeitszeugnis erteilt wird, findet das Rechtsmittel der sofortigen Beschwerde statt[39]). Die Verfügung wird erst mit der Rechtskraft wirksam[40]).

29. Das **Unschädlichkeitszeugnis** ist also der gerichtliche Beschluß über die Unschädlichkeit selbst, nicht etwa ein auf Grund des Beschlusses zu erteilendes besonderes „Zeugnis".

30. Vgl. Bem. 10 Buchst. c.

31. Vgl. § 2.

32. Vgl. Bem. 10 Buchst. a.

33. Vgl. Bem. 10 Buchst. b.

34. Selbstverständlich ist, daß neben den vorbezeichneten besonders benannten Punkten vor allem das Grundstück, von dem ein Teil veräußert ist oder werden soll, und von dessen Lasten dieser Teil befreit wird, sowie dieses Teilstück selbst genau beschrieben werden muß. Vgl. hierzu Bem. 25a.

35. Vgl. Bem. 27.

36. Wegen des Grundes dieser Vorschrift vgl. Begr. S. 46. — Bezüglich des Verteilungsverfahrens s. § 2 Abs. 2.

37. Beteiligte sind: der Antragsteller (Erwerber oder Veräußerer, vgl. § 3 Abs. 1), die Berechtigten, von deren Rechten das Trennstück befreit werden soll, der etwaige Dritte, der zwecks Ausgleichung ein Ersatzgrundstück zur Belastung bietet oder zu einer sonstigen Rechtsänderung bereit ist. Der Veräußerer und der Erwerber des Trennstücks gehören, da es sich bei der Lasten-Befreiung des letzteren um ihre Interessen handelt, immer zu den Beteiligten, gleichviel wer von ihnen den Antrag gestellt hat.

38. Die Notwendigkeit förmlicher Zustellung (vgl. Verf. v. 26. Dezember 1899, Zentrbl. S. 417, Samml. S. 24) entspricht dem § 16 Abs. 2 R.G.F.G., da die Frist zur Einlegung sofortiger Beschwerde in Lauf gesetzt wird. Die Bekanntmachung des **abweisenden** Bescheids könnte nach der allgemeinen Regelung des angef. § 16 formlos erfolgen; die Zustellung ist aus Zweckmäßigkeitsgründen vorgeschrieben.

39. Gegen eine **abweisende** Verfügung ist nach den allgemeinen Vorschriften der §§ 19, 20 R. G. F. G. (Ausf.-Ges. § 1) die einfache, fristlose Beschwerde statthaft. Vgl. hierzu Bem. 4 und Begr. S. 46., K.B. S. 56.

40. Ueber den Grund für diese Vorschrift s. die Begr. S. 46.

## § 5.

Die Befreiung des Trennstücks von den Belastungen des Grundstücks tritt, soweit die Belastungen im Grundbuch eingetragen sind, mit deren Löschung, im übrigen mit der Rechtskraft des Unschädlichkeitszeugnisses, jedoch nicht vor dem Übergange des Eigentums an dem Trennstück ein[41]).

Das Unschädlichkeitszeugnis ersetzt die Bewilligung der Beteiligten[42]). Dies gilt auch in Ansehung der Belastung eines zur Ausgleichung bestimmten Grundstücks sowie einer sonstigen zur Ausgleichung bestimmten Rechtsänderung[43]).

Die Löschung der Belastungen sowie die Eintragung anderer Rechtsänderungen dürfen nur erfolgen, wenn der Eigentumsübergang eingetragen ist oder gleichzeitig eingetragen wird. Im Falle der Ausgleichung in Geld darf die Löschung der Belastungen nicht vor der Hinterlegung erfolgen[44]).

[45]) Ist im Zeitpunkte der Erteilung des Unschädlichkeitszeugnisses das Eigentum an dem Trennstück auf den Erwerber noch nicht übergegangen, so ist gleichzeitig mit der Erteilung des Zeugnisses ein Vermerk über die Erteilung im Grundbuch einzutragen. Rechte, die nach der Eintragung des Vermerks zur Entstehung gelangen, bleiben für die Feststellung der Unschädlichkeit außer Betracht; das Trennstück wird auch von ihnen frei[46]), [47]), [49]), [50]).

[48]) Soll an Stelle des Trennstücks ein anderes Grundstück belastet werden, oder ist eine sonstige Rechtsänderung zur Ausgleichung bestimmt, so ist zur Sicherung des Anspruchs der Berechtigten bei der Erteilung des Unschädlichkeitszeugnisses von Amts wegen eine Vormerkung (§ 883 des Bürgerlichen Gesetzbuchs) im Grundbuch einzutragen[49]), [50]).

Vgl. zu diesen Vorschriften die Begr. zu § 5 (S. 46 ff.).

**I. Die Abs. 1 bis 3** regeln die Art und Weise, wie die mit dem Unschädlichkeitszeugnis bezielte Wirkung, die Befreiung des Trennstücks von den Lasten des (ganzen) Grundstücks, nachdem das Unschädlichkeitszeugnis erlassen ist, realisiert wird.

41. Erste Voraussetzung für den Eintritt der Wirkung des Unschädlichkeitszeugnisses ist dessen Rechtskraft: eine weitere Voraussetzung ist, daß das Trennstück in das Eigentum des Erwerbers übergegangen ist, — vgl. hierwegen noch unten 44a — (die Feststellung dieser zweiten Voraussetzung hat nur Bedeutung, wenn der Antrag von dem Veräußerer — also nach § 3 Abs. 1 vor dem Eigentumsübergang — gestellt war). Sind diese beiden Voraussetzungen erfüllt, so tritt die Befreiung des Trennstücks von denjenigen Lasten, die im Grundbuche bezw. im Zwischenrechte (§ 9) im vorläufigen Grundbuch oder Eigentumsbuch nicht eingetragen sind, von Rechtswegen ein. Dies gilt namentlich also auch von den bloß in die Hypothekenregister eingetragenen noch wirksamen Hypotheken (vgl. Bem. 26). Bezüglich aller in die neuen Liegenschaftsbücher eingetragenen Rechte bedarf es dagegen der Löschung (Abs. 1). Dieser Unterschied ist indessen nur konstruktiv und, was den Zeitpunkt der eintretenden Befreiung anlangt, von Bedeutung. Der buchmäßige Ausdruck der Befreiung erfolgt auch im Hypothekenregister durch Löschung (die solchen Falles Berichtigungscharakter hat), weshalb im § 9 die Vorschrift des § 5 Abs. 2 Satz 1 gleichmäßig auf die in den neuen Büchern wie in den Hypothekenregistern zu bewirkenden Löschungen für entsprechend anwendbar erklärt ist.

42. Die Löschung eines eingetragenen dinglichen Rechtes würde an sich nach dem geltenden Liegenschaftsrechte die Bewilligung des Berechtigten, und in gewissen Fällen, außerdem die Bewilligung dritter Personen* voraussetzen (vgl. Grundb.-Ordn. §§ 19, 21, 27 und dazu die materiellrechtlichen Vorschriften der §§ 876, 1183, 1192). Bei der Löschung auf Grund des Unschädlichkeitszeugnisses haben zunächst selbstverständlich die materiellrechtlichen Vorschriften des B.G.B. über die Aufhebung

*) Nämlich: wenn das zu löschende Recht mit dem Rechte eines Dritten belastet ist: die Bewilligung dieses Dritten;

wenn das zu löschende Recht dem jeweiligen Eigentümer eines anderen Grundstücks zusteht (namentl. also eine Grunddienstbarkeit) und dieses andere Grundstück mit dem Recht eines Dritten belastet ist: die Bewilligung dieses Dritten — vorausgesetzt, daß das Recht auf dem Blatte des herrschenden Grundstücks vermerkt ist, Grundb.-Ordn. §§ 8, 21 —;

wenn das zu löschende Recht eine Hypothek, eine Grundschuld oder eine Rentenschuld ist: der Bewilligung des Grundstückseigentümers (Grundb.-Ordn. § 27).

eines Rechtes außer Betracht zu bleiben; denn der Titel für die Beseitigung des Rechtes ist hier nicht ein Rechtsgeschäft, dessen Notwendigkeit das Gesetz über das Unschädlichkeitszeugnis vielmehr gerade ausschließen will, sondern der gerichtliche Beschluß des § 4. Aus dem gleichen Grunde hat auch die formalrechtliche Bewilligung, wie sie die Grundbuchordnung als Erfordernis für die Löschungseintragung vorschreibt, neben dem gerichtlichen Unschädlichkeitszeugnisse keinen Raum. Dieses ersetzt vielmehr die sonst in der Form des § 29 G.O. vorzulegende Bewilligung der Berechtigten (§ 5 Abs. 2 Satz 1). Das Grundbuchamt hat daher die Löschung auf Grund des rechtskräftigen Unschädlichkeitszeugnisses vorzunehmen, wobei es jedoch noch die Voraussetzungen des Abs. 3 (Bem. 44) zu beachten hat. Die Löschung erfolgt durch Eintragung eines Löschungsvermerks nach den allgemeinen Vorschriften (Grundb.-Ordn. § 47, Ausf.-Best. betr. Führung der Eigentumsbücher usw. §§ 67, 112). Die Löschung wird aber nicht von Amts wegen veranlaßt oder vorgenommen, sondern sie erfolgt — in dieser Beziehung gelten die allgemeinen Vorschriften der Gr.-Ord. (§ 13) — auf formlosen Antrag eines Beteiligten (s. Begr. S. 17).

43. Wie das rechtskräftige Unschädlichkeitszeugnis die unmittelbare Grundlage bildet für die Löschung der von dem Trennstück wegfallenden Rechte (Bem. 42), so bildet es die gleiche unmittelbare, die Eintragungsbewilligung ersetzende Grundlage für die Eintragung einer Rechtsänderung, die etwa als Ausgleichung für die Nachteile, denen die Berechtigten durch die Lastenbefreiung des Trennstücks ausgesetzt sind, angeordnet ist (Bem. 10, 12), insbesondere also z. B. für die Eintragung der Rechte der benachteiligten Berechtigten auf ein Ersatzgrundstück, für die Einräumung des Vorrangs vor einem andern Rechte, für das ein Nachteil nicht zu besorgen ist oder von dem Beteiligten hingenommen wird, usw. Das in Bem. 42 Gesagte findet hier entsprechende Anwendung.

44. Die Vorschriften des **Abs. 3** wenden sich an das Grundbuchamt und sind in 3 Richtungen zu beachten:

a) In Abs. 1 ist gesagt (Bem. 41), daß die Befreiung des Teilstücks von den Grundstücks-Belastungen keinesfalls vor seiner wirklichen Abtrennung vom Hauptgrundstück (also nicht vor dem Eigentumsübergang) eintritt; denn die gesetzliche Voraussetzung für die Einrichtung des Unschädlichkeitszeugnisses ist immer eine Teilveräußerung (Bem. 2). Hiermit im Zusammenhange verbietet Abs. 3 dem Grundbuchrichter, den Löschungsvermerk einzutragen, wenn nicht auch der Eigentumswechsel (am Teilstück) bereits eingetragen ist oder gleichzeitig eingetragen wird. Im ersten Falle: wenn das Teilstück bereits auf den Eigentümer übertragen ist, also auch die das ganze Grundstück belastenden Rechte auf das neue Blatt mitübertragen sind (§ 69 d. Ausf.-Best. über die Führg. d. Eigtb.), sind die auf Grund des Unschädlichkeitszeugnisses wegfallenden Lasten auf dem neuen Blatte zu löschen. Im zweiten Falle: wenn das Teilstück noch nicht auf das neue Blatt übertragen ist, sondern erst gleichzeitig mit der Löschung der Lasten auf das Blatt des neuen Eigentümers übertragen werden soll, sind die Lasten nicht mehr auf das neue Blatt mit zu übertragen, sondern — soweit sie das Trennstück treffen — auf dem Blatte des Veräußerers zu löschen (§ 67 Ausf.-Best über die Führg. d. Eigtb.). Wird der Antrag auf Löschung nicht gleichzeitig mit der Auflassung gestellt, so wird das Grundbuchamt zweckmäßig auf die Stellung jenes Antrags hinzuwirken haben. Sollte aber der Eigentumsübergang vor der Stellung des Löschungsantrags eingetragen werden, so sind die vor dem Unschädlichkeitsvermerk (Abs. 4) eingetragenen Belastungen auf das neue Blatt zu übertragen und erst auf besonderen Antrag zu löschen. Wegen der nach dem Unschädlichkeitsvermerk eingetragenen Rechte und des Vermerks selbst vgl. Bem. 45.

b) Ebenso wie mit der Löschung der das Trennstück belastenden Rechte verhält es sich mit der Eintragung von Rechtsänderungen, die zur Ausgleichung dienen (Bem. 11). Auch diese Rechtsänderungen — mögen sie am Hauptgrundstück*, oder an einem anderen (Ersatz-) Grundstücke vorgenommen werden — dürfen, da sie nur für den Fall der Wirksamkeit des Unschädlichkeitszeugnisses berechnet sind, diese aber den Eigentumsübergang zur Voraussetzung hat, erst nach dem Eigentumsübergang oder gleichzeitig mit dessen Eintragung erfolgen. — Wegen Sicherung der Ansprüche auf Rechtsänderung durch Vormerkung vgl. Abs. 5 und Bem. 46.

*) Darunter ist hier das im § 1 Abs. 1 erwähnte Grundstück, von dem das Trennstück abgelöst wird, verstanden.

c) Wenn die Befreiung des Trennstücks von den Grundstücksbelastungen von einer Geldausgleichung abhängig gemacht ist (Bem. 10, Buchst. c), so darf die Löschung der Belastungen gar nicht erfolgen, bevor die Ausgleichung durch Hinterlegung des Geldes gesichert ist (Abs. 3 Satz 2). Besteht die Ausgleichung in einer Rechtsänderung (Bem. 10 Buchst. b), so ist die Rechtsänderung nicht notwendig vor der Löschung zu verwirklichen; für diese Fälle ist vielmehr durch die von Amtswegen zu veranlassende Eintragung einer Vormerkung Vorsorge getroffen (Abs. 5).

II. **Die Abs. 4 u. 5** wenden sich in erster Linie an den Richter, der das Unschädlichkeitszeugnis erteilt, in dieser Eigenschaft, in zweiter Linie an das Grundbuchamt. Sie treffen Vorsorge dafür, daß das Unschädlichkeitszeugnis, das nur den dinglichen Rechtsstand berücksichtigen kann, wie er im Zeitpunkte seines Erlasses besteht, nicht durch nachherige Veränderungen im Zeitpunkte seiner Rechtskraft in ein unrichtiges Verhältnis zur dinglichen Rechtslage gerät. Diese Vorsorge war in 2 Richtungen zu treffen:

45. **Abs. 4.** Wenn das Unschädlichkeitszeugnis vor der Abtrennung des Teilstücks, also auf Antrag des Veräußerers erteilt ist, so können nachher an dem (ganzen) Grundstücke neue Rechte entstehen, die das künftige Trennstück naturgemäß mitbelasten. Diese Rechte konnten bei der Beurteilung der Unschädlichkeit und bei der Erteilung des Zeugnisses nicht berücksichtigt werden. Ihnen gegenüber hätte daher das Unschädlichkeitszeugnis auch keine Wirkung und sie könnten auf Grund desselben nicht gelöscht werden. Es bliebe dem Eigentümer also nur übrig, sich mit den neuen Berechtigten gütlich abzufinden oder ein neues Unschädlichkeitszeugnis mit Wirkung gegen sie zu erwirken. Diese unzuträgliche Folge wird durch die Vorschrift des Abs. 4 vermieden. Der nach dieser Vorschrift mit dem Erlasse des Unschädlichkeitszeugnisses einzutragende Vermerk sperrt zwar nicht das Grundbuch für neue Rechte an dem Grundstück, aber er macht die Lage offenkundig und die nach der Eintragung des Vermerks entstehenden Rechte am Grundstück für das Unschädlichkeitsverfahren bedeutungslos. Er stellt den Bestand dieser Rechte — soweit es sich um das Trennstück handelt — unter die auflösende Bedingung des Eigentumswechsels am Trennstück. Tritt diese Bedingung und

somit der Fall der Wirksamkeitsentfaltung des Unschädlichkeitszeugnisses ein, wird der Grundstücksteil vom Ganzen abgetrennt und auf den Erwerber übertragen, so wird das Trennstück von diesen neuen Rechten frei, und zwar kraft Gesetzes; sie sind also auf das Blatt des neuen Eigentümers nicht zu übertragen, ohne daß es hierwegen eines Löschungsantrags bedarf oder ein Löschungsvermerk in Frage käme. Dies ist ausgesprochen in den Worten des Gesetzes: „Das Trennstück wird (mit der Abtrennung tritt die Wirkung kraft Gesetzes ein!) auch von ihnen (d. h. neben den zufolge Abs. 1 teils durch Löschung teils mit der Rechtskraft des Zeugnisses wegfallenden vorentstandenen Rechten) frei". Gleichgültig ist es, ob die nachträglich entstandenen Rechte im Liegenschaftsbuch eingetragen sind, oder ob sie etwa ohne Eintragung zur Entstehung kamen. — Da diese Rechte ohne Einfluß auf die Feststellung der Unschädlichkeit sind, so haben sie auch keinen Teil an einer etwa angeordneten Ausgleichung.

Der Unschädlichkeitsvermerk des Abs. 4 ist in Abt. II des Grundbuchs bezw. Eigentumsbuchs („Lasten und Verfügungsbeschränkungen") einzutragen. Er muß das künftige Trennstück als solches erkennbar machen (vgl. Bem. 25a). Von besonderer Bedeutung ist es, daß der Richter, der das Unschädlichkeitszeugnis erteilt, dafür Sorge trägt, daß die Eintragung des Vermerks gleichzeitig mit der Erteilung des Zeugnisses erfolgt, damit nicht Rechte zur Entstehung kommen, die weder im Unschädlichkeitszeugnis berücksichtigt werden konnten, noch der Folge des Abs. 4 verfallen. Vgl. hierzu Bem. 47. — Wird das Trennstück auf das Blatt des Erwerbers übertragen, so findet der Vermerk seine Erledigung; denn nach dem Eigentumsübergange können Rechte, die an dem Grundstücke entstehen, das Trennstück nicht mehr belasten. Der Vermerk ist alsdann rot zu unterstreichen (vgl. § 68 Ausf.-Best.), nicht aber mitzuübertragen (Bem. 44 b).

46. **Abs. 5.** Während Abs. 4 die Bedeutungslosigkeit nachträglicher Rechte für das Unschädlichkeitsverfahren und für das künftige Trennstück selbst bezielt und durch Eintragung eines besonderen Vermerks erreicht, verfolgt Abs. 5 einen ähnlichen Zweck in Ansehung von Rechtsänderungen, die zur Ausgleichung für die durch die Lastenbefreiung des Trennstücks benachteiligten Realberechtigten angeordnet sind. Sollen, um

Nachteile der Berechtigten (aller oder einzelner) auszugleichen, deren Rechte auf ein Ersatzgrundstück erstreckt, oder soll einem Berechtigten der Vorrang vor einem anderen, vielleicht nicht benachteiligten Rechte (etwa vor einer auf alle Fälle gesicherten Gesamthypothek) eingeräumt werden usw. (Bem. 43), so ist Vorsorge zu treffen, daß der Ausgleichungsgegenstand, wie er beim Erlasse des Unschädlichkeitszeugnisses sich darstellt, für den Zeitpunkt seiner Rechtskraft und seiner Wirksamkeit (Bem. 41) erhalten bleibt, daß nicht also das Ersatzgrundstück durch Zwischenbelastungen seinen Ausgleichungswert verliert. Hierzu bedurfte es nicht eines eigenartigen Vermerks, sondern der Zweck kann durch eine Vormerkung nach § 883 B.G.B. erreicht werden. Denn hier handelt es sich, anders als im Abs. 4, um die Sicherung eines durch das Unschädlichkeitszeugnis begründeten obligatorischen Anspruchs auf Belastung eines Ersatzgrundstücks, auf Einräumung eines Vorrangs, auf Löschung eines vorgehenden Rechtes u. dgl. — Der Unschädlichkeitsvermerk des Abs. 4 und die Vormerkung im Abs. 5 unterscheiden sich auch insofern, als der Unschädlichkeitsvermerk nur für den Fall in Frage kommt, daß das Trennstück noch nicht veräußert ist — denn die nach der Abtrennung entstehenden Rechte müssen sich gegen den Erwerber richten und haben mit dem Unschädlichkeitsverfahren nichts zu tun, — daß ferner der Vermerk sich immer auf das den Gegenstand der zu beseitigenden Belastungen bildende Hauptgrundstück § 1 bezieht und infolge dessen immer bei diesem Grundstück in Abt. II einzutragen ist, wogegen es für die Vormerkung im Falle des Abs. 5 gleichgültig ist, ob es sich um ein erst zu veräußerndes oder um ein schon veräußertes Trennstück handelt, die Vormerkung ferner sowohl beim Hauptgrundstück, wie (nach der Veräußerung) am Trennstück, wie vielleicht auch an einem anderen (Ersatz-) Grundstück und zwar jeweils in der Abteilung des Buches einzutragen ist, in die sie ihrem Gegenstande nach gehört, wenn also z. B. die Eintragung einer Hypothek auf einem Ersatzgrundstück gesichert werden soll, in Abt. III dieses Grundstücks, wenn die Löschung einer vorgehenden Hypothek am Hauptgrundstück gesichert werden soll, in Abt. III des Hauptgrundstücks.

47. Gleichzeitig mit dem Erlasse des Unschädlichkeitszeugnisses hat der Richter, der es erteilt, das Grundbuchamt im Falle des Abs. 4 um die Eintragung des Unschädlichkeitsvermerks und

im Falle des Abs. 5 um die Eintragung der Vormerkung zu ersuchen. Vgl. Bem. 4; ferner Begr. S. 48. Im Übrigen richtet sich die Eintragung der Vormerkung — wegen des Unschädlichkeitsvermerks vgl. Bem. 45 — nach den allgemeinen Vorschriften über die Buchführung. — Sind Vermerk oder Vormerkung einmal eingetragen, so gehört ihre weitere Behandlung, also im Falle ihrer Erledigung — vgl. § 68 Ausf.=Best. über die Führg. d. Eigtb. und Bem. 45 am Ende — zu den Obliegenheiten des Grundbuchamts. Die Eintragung wie die Erledigung sind zu den Gerichtsakten betr. das Unschädlichkeitszeugnis zu vermerken, bezw. vom Grundbuchrichter dem Richter des Verfahrens mitzuteilen.

§ 6.

Besteht an dem Grundstück eine Hypothek, eine Grundschuld oder eine Rentenschuld, für die ein Brief erteilt ist, oder eine Hypothek für die Forderung aus einer Schuldverschreibung auf den Inhaber, aus einem Wechsel oder aus einem anderen Papiere, das durch Indossament übertragen werden kann, so ist zur lastenfreien Abschreibung des Trennstücks oder zur Löschung die Vorlegung des Briefes oder der Urkunde nicht erforderlich. Das Gleiche gilt von der Eintragung einer sonstigen Rechtsänderung, insbesondere der Mitbelastung eines zur Ausgleichung bestimmten Grundstücks.

Das Grundbuchamt kann den Besitzer des Briefes oder der Urkunde zur nachträglichen Vorlegung anhalten.

Vgl. hierzu die Begr. S. 48.

§ 7 [48]).

Die Vorschriften der §§ 1 bis 6 finden entsprechende Anwendnng, wenn ein dem jeweiligen Eigentümer eines Grundstücks zustehendes Recht an einem andern Grundstück aufgehoben werden soll und das Grundstück des Berechtigten zu Gunsten eines Dritten belastet ist.

## § 8 [48]).

In den Fällen des Artikel 52 des Einführungsgesetzes zum Bürgerlichen Gesetzbuch und des § 32 des Ausführungsgesetzes zu Reichsgesetz über die Zwangsversteigerung und die Zwangsverwaltung wird der dem Eigentümer eines Grundstücks zustehende Entschädigungsanspruch von den an dem Anspruche bestehenden Rechten Dritter frei, wenn durch das im § 1 bezeichnete Amtsgericht festgestellt wird, daß die Befreiung für die Berechtigten unschädlich ist.

Zu dem Antrag ist der Eigentümer sowie derjenige berechtigt, der die Entschädigung zu leisten hat.

Die Vorschriften des § 3 Abs. 2, 3, des § 4 Abs. 2, 3 finden Anwendung.

48) Zu vgl. die Begr. S. 49.

Während § 1 die Unschädlichkeit der lastenfreien Veräußerung eines Grundstückteils für die an dem Grundstücke Berechtigten zum Gegenstande hat, betrifft § 7 den Fall, wenn ein mit dem Eigentum eines Grundstücks verbundenes (den Grundstückswert daher erhöhendes) Recht aufgehoben werden und diese Aufhebung für die am Grundstücke Berechtigten als unschädlich erklärt werden soll. Auf diesen Fall lassen sich die zunächst für den Teilveräußerungsfall gegebenen Vorschriften der §§ 1 bis 6 ohne weiteres entsprechend anwenden.

Der § 8 bezieht sich auf Fälle, in denen es sich nicht um einen abzutrennenden Grundstücksteil (§ 1), noch um ein aufzuhebendes Recht an einem Grundstücke (§ 7) handelt, sondern um einen an Stelle eines Grundstücks getretene Entschädigungsanspruch. Hier kann es sich fragen: Besteht für die Berechtigten ein Interesse, ihre Rechte an der (vielleicht im Verhältnisse zu dem noch belasteten Hauptteile des Grundstücks selbst nur geringen) Entschädigung geltend zu machen, oder kann nicht die Entschädigungssumme ohne Schaden für den Berechtigten an den Eigentümer gezahlt werden? Die Frage kann durch das Unschädlichkeitszeugnis entschieden werden. Für diese Fälle eignen sich nur wenige der vorausgegangenen Vorschriften.

Es scheiden insbesondere aus diejenigen, die sich ausschließlich auf ein Grundstück beziehen, ferner die Vorschriften über die Ausgleichung eines zu besorgenden Nachteils, die hier, wo es sich um einen Geldbetrag handelt, nicht am Platze wären. Anwendung finden dagegen die Vorschriften der § 3 Abs. 2, 3 über die Obliegenheiten des Antragstellers und die Ermittelungstätigkeit des Amtsgerichts, ferner jene des § 4 Abs. 2, 3 über die Bekanntmachung des Unschädlichkeitszeugnisses, das Beschwerderecht und den Eintritt der Rechtskraft. Die Vorschrift des § 4 Abs. 1 über den Inhalt des Unschädlichkeitszeugnisses ist nicht anwendbar erklärt, da sie für den vorliegenden Fall nicht passen würde. Aehnlich wie dort sind jedoch auch hier die Rechte, die an dem Entschädigungsanspruch des Eigentümers haften und denen gegenüber die Befreiung des Anspruchs als unschädlich erklärt wird, zu bezeichnen.

## § 9[49]).

Die auf das Grundbuch bezüglichen Vorschriften dieses Gesetzes finden, bis das Grundbuch als angelegt anzusehen ist, auf das Eigentumsbuch und das vorläufige Grundbuch, die Vorschrift des § 5 Abs. 2 Satz 1 auch in Ansehung der in den Registern der früheren Hypothekenämter vorzunehmenden Löschungen[50]) entsprechende Anwendung.

Das Unschädlichkeitszeugnis darf, auch wenn das Eigentum an dem Trennstück auf den Erwerber noch nicht übergegangen ist, nur erteilt werden, wenn das Grundstück im Eigentumsbuch oder vorläufigen Grundbuch eingetragen ist[51]).

Soll ein anderes Grundstück, das in das Eigentumsbuch oder vorläufige Grundbuch nicht eingetragen ist, zur Ausgleichung dienen (§ 5 Abs. 5), so ist die Erteilung des Unschädlichkeitszeugnisses von der vorherigen Eintragung des Grundstücks abhängig zu machen[52]).

Die nach diesem Gesetze dem Amtsgericht obliegenden Verrichtungen können auch durch die den Amtsgerichten als

Grundbuchrichter beigeordneten früheren Hypothekenbewahrer wahrgenommen werden[53]).

49) Die Vorschriften des § 9 geben Uebergangsbestimmungen, die durch das liegenschaftliche Zwischenrecht und durch die vorübergehende Verwendung früherer Hypothekenbewahrer veranlaßt sind. Allgemeine zeitliche Uebergangsvorschriften enthält § 11. Auf das Gebiet des Liegenschaftsrechts beziehen sich die Abs. 1 bis 3 des § 9, wogegen Abs. 4 auch im Grundbuchgebiete, soweit dort ein früherer Hypothekenbewahrer als Grundbuchrichter bestellt ist, gilt. — Im Einzelnen wird hier auf die Erläuterung der entsprechend anzuwendenden Vorschriften Bezug genommen; vgl. insbesondere die Anm. 25—27, ferner die Begr. S. 44 f.

50) Das Unschädlichkeitszeugnis ersetzt also auch die Löschungsbewilligung nach 2157, 2158 Code civil (vgl. § 99 Ausf.-Ges. z. B.G.B.); zu vgl. Bem. 41.

51) Die Erteilung des Unschädlichkeitszeugnisses hat zur Voraussetzung, daß das Grundstück im Eigentumsbuch oder vorläufigen Grundbuch eingetragen ist (vgl. Begr. S. 44). Hat die Veräußerung des Grundstückteils stattgefunden, so ist diese Voraussetzung regelmäßig mit der jetzigen Form der Eigentumsübertragung erfüllt. Ist dies nicht der Fall, wird insbesondere der Antrag auf Erteilung des Unschädlichkeitszeugnisses vor der Uebertragung des Trennstücks und vor der Eintragung des Grundstücks in das Eigentumsbuch gestellt, so wird durch Zwischenverfügung auf die Notwendigkeit der Eintragung hinzuweisen sein; wird sie nicht bewirkt, so ist der Antrag abzuweisen.

52) Vgl. Begr. S. 44 und Anm. 51.

53) Vgl. Bem. 49 und Komm.-Bericht S. 57.

## § 10.

Für die Erteilung eines Unschädlichkeitszeugnisses einschließlich des Verfahrens werden drei Zehnteile der Gebühr des § 8 des deutschen Gerichtskostengesetzes erhoben[54]). Die Berechnung bestimmt sich nach dem Werte des Trennstücks, des aufzuhebenden Rechtes oder des Entschädigungsanspruchs, in Ansehung dessen das Zeugnis erteilt wird.

Erfolgt die Veräußerung eines Grundstückteils oder die Aufhebung eines Rechtes unentgeltlich zu einem öffentlichen Zwecke, so wird eine Gebühr nicht erhoben.

Die auf Grund eines Unschädlichkeitszeugnisses vorzunehmenden Eintragungen in das Grundbuch, Eigentumsbuch oder vorläufige Grundbuch sowie in die Register der früheren Hypothekenämter erfolgen gebührenfrei.

Zu vgl. die Begr. S. 52.

54) Bei Zurücknahme des Antrags oder bei Zurückweisung desselben richtet sich die Gebühr nach §§ 98, 99 G.K.G. für Elf.-Lothr.

## § 11.

Die Vorschriften dieses Gesetzes finden auch Anwendung, wenn die Veräußerung eines Grundstücksteils oder die Aufhebung eines Rechtes (§ 7) vor dem Inkrafttreten dieses Gesetzes stattgefunden hat oder ein Entschädigungsanspruch (§ 8) vor diesem Zeitpunkt entstanden ist.

Urkundlich unter Unserer Höchsteigenhändigen Unterschrift und beigedrucktem Kaiserlichen Insiegel.

Gegeben Cuxhaven, an Bord M. J. „Meteor“, den 19. Juni 1906.

(L. S.) Wilhelm.

Fürst zu Hohenlohe-Langenburg.

# Anhang.

## Materialien und Nachtrag.

# I. Begründung.

Rechte dritter Personen, welche an einem Grundstücke bestehen, erleiden dadurch, daß der Eigentümer das Grundstück ganz oder teilweise veräußert, keine Veränderung oder Beeinträchtigung, da sie nicht eine bloße Verpflichtung des Eigentümers zum Gegenstande haben, sondern das Grundstück selbst ergreifen. Veräußert daher insbesondere der Eigentümer einen Teil der mit Rechten Dritter belasteten Grundstücksfläche, so bleibt der veräußerte Teil im Besitze des neuen Erwerbers neben dem unveräußerten Hauptgrundstücke zugunsten der Dritten belastet. Will der Erwerber das in sein Eigentum übergegangene Trennstück von diesen Rechten befreien, so muß er die Zustimmung der Berechtigten hierzu erwirken. Dazu sind jedoch, namentlich, wenn eine größere Anzahl von Rechten auf dem Grundstücke ruht, häufig die Berechtigten oder einer oder der andere von ihnen nicht geneigt. Auch andere Schwierigkeiten können entgegenstehen, so die Unbekanntheit des Aufenthalts eines Berechtigten, Zweifel an seiner Legitimation oder seinem Verfügungsrechte. Das im Gebiete des liegenschaftlichen Zwischenrechts in Ansehung von Hypotheken zugelassene Löschungsverfahren (§ 34 ff. des Gesetzes, betreffend die Ausführung des Reichsgesetzes über die Zwangsversteigerung und die Zwangsverwaltung, vom 13. November 1899), an das man hierbei denken könnte, gewährt hier, abgesehen von seiner vorübergehenden Geltungsdauer und der Weitläufigkeit des Verfahrens, keine Hilfe, da in diesem Verfahren nur eine Befreiung von den den Kaufpreis übersteigenden Hypotheken zu erreichen ist, im übrigen aber die Belastung und die Möglichkeit zwangsweiser Befriedigung für den Gläubiger bestehen bleibt.

Muß aber der Erwerber mit dem erworbenen Grundstücksteile auch dessen dingliche Belastung übernehmen, so ist er stets dem Anspruche der Berechtigten und dadurch, zumal bei Belastung durch Hypotheken, Grundschulden oder Rentenschulden wegen der alsdann eintretenden Gesamthaft des Trennstücks mit dem Reststücke, großer wirtschaftlicher Gefahr ausgesetzt. Diese mißliche Lage macht sich besonders fühlbar und drängt auf eine Abhilfe, wenn das abgetretene Trennstück von so geringem Umfang und Werte ist, daß seine lastenfreie Abtrennung die an dem Hauptgrundstücke bestehenden Rechte nicht benachteiligt oder der etwaige Nachteil leicht ausgeglichen werden kann, und wenn andererseits nach dem lastenfreien Erwerbe des Trennstücks, namentlich im öffentlichen Interesse (z. B. zur Herstellung eines Weges) ein Bedürfnis besteht. *[vgl. hierzu Nachtr. S. 60.]*

Nach Art. 120 Abs. 1 des Einführungsgesetzes zum Bürgerlichen Gesetzbuche bleiben die landesgesetzlichen Vorschriften unberührt, nach denen im Falle der Veräußerung eines Teiles eines Grundstücks dieser Teil von den Belastungen des Grundstücks frei wird, wenn von der zuständigen Behörde festgestellt wird, daß die Rechtsänderung für die Berechtigten unschädlich ist; nach Art. 3 des genannten Einführungsgesetzes können neue Vorschriften dieser Art landesgesetzlich erlassen werden. Auch für drei weitere Fälle, in denen in anderer Weise als durch Veräußerung eines Grundstücksteils Rechte dritter Personen berührt werden, ist im Artikel 120 Abs. 2 des Einführungsgesetzes die landesgesetzliche Zulässigkeit eines behördlichen Unschädlichkeitszeugnisses ausgesprochen (zu vergl. in dieser Beziehung unten zu den §§ 7 und 8).

In Elsaß-Lothringen bestehen solche Vorschriften nicht. Eine in gewissem Sinne ähnliche Bestimmung enthält das Gesetz vom 30. Juli 1890, betreffend die autorisierten Genossenschaften zum Zwecke der Regelung von Feldwegen sowie der Herstellung von Bewässerungen und Entwässerungen. Bei den nach diesem Gesetze zugelassenen Vertauschungen von Grundstücken gehen Hypothekenrechte, die auf dem einen Grundstücke ruhen, auf das dafür eingetauschte Grundstück über (§ 5); wenn hierbei das eingetauschte Grundstück hinter dem Werte des anderen (jedoch nicht über eine gewisse Grenze) zurückbleibt, so ist zwar der Eigentümer in Geld zu entschädigen, die Hypothekengläubiger dagegen müssen sich mit dem minderwertigeren Grundstück als Gegenstand ihres

Unterpfandsrechts begnügen (§ 4). Zu vergl. hierzu die Begründung zum § 4 des Entwurfs, Verhandlungen des Landesausschusses 1890 I. Band Nr. 3, Kommissionsbericht, ebenda Band II Seite 491.

Bestimmungen über die Erteilung eines Unschädlichkeitszeugnisses im Sinne des Art. 120 des Einführungsgesetzes zum Bürgerlichen Gesetzbuch bestanden für die Fälle der Veräußerung von Grundstücksteilen seit längerer Zeit besonders in Preußen. Zu vergleichen das Gesetz, betreffend den erleichterten Abverkauf kleiner Grundstücke, vom 3. März 1850 und die §§ 2 bis 6 des Gesetzes, betreffend die Abänderung des Gesetzes vom 13. April 1841 über den erleichterten Austausch einzelner Parzellen von Grundstücken, vom 27. Juni 1860 (Gesetzsammlung 1850 Seite 145, 1860 Seite 384). Diese für die alten Provinzen der Monarchie geltenden Vorschriften wurden später bei der Vereinheitlichung des Liegenschaftsrechts in den neueren Landesteilen eingeführt, so insbesondere durch das Gesetz vom 12. April 1888 (§ 76) im Gebiete des Rheinischen Rechtes (Gesetzsammlung Seite 52).

Auf Grund des Vorbehalts im Artikel 120 des Einführungsgesetzes zum Bürgerlichen Gesetzbuch haben sodann verschiedene Staaten entsprechende Vorschriften erlassen, so insbesondere: Bayern durch das Gesetz, das Unschädlichkeitszeugnis betreffend, vom 15. Juni 1898, das Königreich Sachsen in den §§ 21 ff. des Ausführungsgesetzes zum Bürgerlichen Gesetzbuch vom 18. Juni 1898 und in den §§ 20 ff. der zugehörigen Ausführungsverordnung vom 6. Juli 1899, Hessen in den Art. 97 ff. des Ausführungsgesetzes zum Bürgerlichen Gesetzbuch vom 17. Juli 1899 und neuerdings auch Baden in dem Gesetze, das Grundbuchwesen und die Zwangsvollstreckung in Grundstücke betreffend, vom 13. Juli 1904 (Art. I, II).

In Elsaß-Lothringen ist das Bedürfnis nach einer ähnlichen Regelung wiederholt hervorgetreten und besonders bei der Abtretung kleiner Grundflächen zwecks Anlegung von Feldwegen ist der Mangel von Vorschriften der fraglichen Art empfunden worden. *[vgl. Nachtr. S. 60.]*

Der Entwurf trifft die erforderlichen Bestimmungen:

in den §§ 1 bis 6 für den hauptsächlichsten Fall, der Veräußerung kleinerer Teile von Grundstücken.

Im Zusammenhange hiermit werden
in den §§ 7 und 8 die verwandten Fälle, soweit dies für Elsaß-Lothringen geboten erscheint, geregelt.

§ 9 enthält Uebergangsvorschriften, § 10 die Regelung der Kostenfrage und § 11 eine die zeitliche Anwendung des Gesetzes betreffende Schlußbestimmung.

(Bem. 4.) Die Angelegenheit ist ihrer Natur nach eine solche der freiwilligen Gerichtsbarkeit und demgemäß bestimmt sich das Verfahren, soweit nicht der Entwurf besondere Vorschriften in dieser Hinsicht enthält, nach dem Gesetze, betreffend die Ausführung des Reichsgesetzes über die Angelegenheiten der freiwilligen Gerichtsbarkeit, und gemäß § 1 des Ausführungsgesetzes nach diesem Reichsgesetze selbst. Dabei steht jedoch die Angelegenheit in unverkennbarem Zusammenhange mit der Grundbuchführung. Der Entwurf überträgt deshalb auch die Feststellung der Unschädlichkeit demjenigen Amtsgerichte, bei welchem das Grundbuch (Eigentumsbuch, vorläufige Grundbuch) für das betreffende Grundstück geführt wird. Dem weiteren aus jenem Zusammenhange sich ergebenden Gesichtspunkte, daß es zweckmäßig sein mag, daß bei den mit mehreren Richtern besetzten Amtsgerichten der mit den Geschäften des Grundbuchamts betraute Richter auch die Erteilung der Unschädlichkeitszeugnisse besorgt, kann nach Maßgabe des § 3 Abs. 2 des Ausführungsgesetzes zur Grundbuchordnung [1]) Rechnung getragen werden. Im Zusammenhange damit ist im § 9 bestimmt, daß [im Gebiete des Zwischenrechts [2])] auch die den Amtsgerichten zugeteilten früheren Hypothekenbewahrer mit der Erteilung von Unschädlichkeitszeugnissen betraut werden können.

Im einzelnen ist das Folgende zu bemerken:

## § 1.

(Bem. 1.) Der Begriff der Veräußerung ist hier in demselben Sinne gebraucht, wie im Bürgerlichen Gesetzbuch. Er umfaßt jede Art der Abtretung, geschehe sie entgeltlich oder unentgeltlich und im ersteren Falle kauf- oder tauschweise. Im Falle des Tausches kann ein Unschädlichkeitszeugnis für jedes der beiden Grundstücke

[1]) und § 2 der Verordn. des Reichskanzlers v. 13. Juni 1902 (s. Bem. 4).

[2]) Die eingeklammerten Worte beruhen auf einem Redaktionsversehen (vgl. Komm.-Bericht zu § 9, S. 57).

in Frage kommen; die Zuständigkeit des Gerichts bestimmt sich solchen Falles für jedes Grundstück nach dessen Lage. Auch der Begriff Grundstück unterliegt keiner Einschränkung. Ländliche wie städtische Grundstücke werden von der Vorschrift betroffen; auch überbaute Grundstücke sind nicht ausgenommen, wenn auch der Natur der Sache nach es vorzugsweise unbebaute Teilflächen sind, auf welche das Gesetz Anwendung finden wird.

Auf den Zweck der Abtretung kommt es nicht an. Die Notwendigkeit der gesetzlichen Regelung findet zwar hauptsächlich in den Fällen des Erwerbs kleinerer Flächen zur Herstellung von öffentlichen Anlagen, insbesondere von Wegen, ihre Begründung. Allein auch in Fällen des privaten Verkehrs kann die Feststellung der Unschädlichkeit der Rechtsänderung für die Beteiligten erwünscht sein, und es besteht kein Grund, die Anwendung des Gesetzes für solche Fälle auszuschließen. (Nachtr. S. 60.)

Ebenso erstreckt sich die Vorschrift auf Rechte dritter Personen (Bem. 3, 5, 6.) jeder Art; nur öffentliche Lasten müssen ausgenommen werden. In der Hauptsache werden es Hypotheken, Grundschulden und Rentenschulden sein, deren Wegfall von dem veräußerten Trennstücke bezielt wird. Bei anderen Rechten wird die Anwendung des Gesetzes seltener, vielfach auch praktisch ausgeschlossen oder nicht erforderlich sein. Beim Erbbaurecht und beim Nießbrauche wird sie sich häufig durch den Inhalt des Rechtes von selbst verbieten. Denn hier, wo es sich nicht lediglich um die Haftung eines Grundstücks mit seinem Werte, sondern um den Besitz und die Ausnützung eines individuell bestimmten Grundstücks handelt, wird die Beeinträchtigung, welche der Berechtigte dadurch erleidet, daß ein Teil des Grundstücks dem Bereiche seines Rechtes entzogen wird, vielfach so gestaltet sein, daß eine Ausgleichung durch ein Ersatzgrundstück oder durch eine sonstige Rechtsänderung nicht möglich ist; Ausgleichung in Geld muß aber in Ansehung dieser Rechte aus den unten zu entwickelnden Gründen ausgeschlossen bleiben. Der gleiche Gesichtspunkt kann auch unter Umständen bei der Grunddienstbarkeit zutreffen, bei der es übrigens, wenn sich die Ausübung der Dienstbarkeit nicht auf den veräußerten Grundstücksteil erstreckt, nach § 1026 des Bürgerlichen Gesetzbuchs eines Unschädlichkeitszeugnisses nicht bedarf. Erstreckt sich die Ausübung der Grunddienstbarkeit zwar auf das Trennstück, läßt sie sich aber ohne Nachteil für den Berechtigten auf eine andere Stelle verlegen, so kann der Eigentümer unter Umständen, wenn nämlich die Ausübung an der bisherigen Stelle für ihn besonders beschwerlich ist, gemäß § 1023 des Bürgerlichen Gesetzbuchs die Verlegung verlangen. Daneben wird aber für den Veräußerungsfall auch der einfache Weg der Unschädlichkeitserklärung, namentlich im Falle einer möglichen Ausgleichung durch ein anderes, der Ausübung der Dienstbarkeit dienliches Grundstück, mitunter für die Beteiligten von Wert sein. Ebenso wie mit der Grunddienstbarkeit verhält es sich mit einer beschränkten persönlichen Dienstbarkeit (§ 1090 Abs. 2 des Bürgerlichen Gesetzbuchs). Beim Vorkaufsrechte kann die Erteilung eines Unschädlichkeitszeugnisses nur in beschränktem Umfang in Frage kommen, nämlich nur dann, wenn das Vorkaufsrecht nicht auf einen Verkaufsfall (die Regel des § 1094 Bürgerlichen Gesetzbuchs) beschränkt, sondern für mehrere oder für alle Fälle bestellt ist. Wird hier im ersten Veräußerungsfalle das Vorkaufsrecht nicht ausgeübt oder kann es nicht ausgeübt werden, weil die Veräußerung nicht durch Verkauf geschieht, so bleibt das Vorkaufsrecht an dem Trennstücke auch dem neuen Eigentümer gegenüber bestehen, und es kann im Falle der Unschädlichkeit nach Maßgabe des Entwurfs beseitigt werden. Ist dagegen das Vorkaufsrecht, der Regel nach, nur für den ersten Verkaufsfall bestellt, so wird seine Wirkung bei der ersten Veräußerung entschieden. Geschieht die Veräußerung durch Verkauf und übt der Berechtigte das Recht nicht aus, so erlischt es. Geschieht die Veräußerung in anderer Weise als durch Verkauf, so wird das Vorkaufsrecht gegenstandslos.

Daß das Recht, von dem das Trennstück befreit werden soll, im Grundbuch eingetragen ist, ist nicht erforderlich. Es fallen also unter das Gesetz nicht nur die im alten Recht entstandenen, von der Eintragung befreiten Grunddienstbarkeiten (Einführungsgesetz zum Bürgerlichen Gesetzbuch Art. 187), sondern z. B. auch die Ueberbau- und Notwegrenten (Bürgerliches Gesetzbuch § 914 Abs. 2, 3, § 917 Abs. 2). Bezüglich des liegenschaftlichen Zwischenrechts werden im § 9 des Entwurfs besondere Bestimmungen getroffen. *[Bez. Ueberbau- u. Notwegrente vgl. Bem. 5, S. 3.]*

Ist das Recht des Dritten selbst wieder mit einem Rechte zugunsten eines Anderen belastet, z. B. eine Hypothek verpfändet, so kommt auch das belastende Recht des Anderen in Ansehung des Trennstücks in Wegfall; zur Befreiung von diesem Rechte bedarf es nicht etwa — wie im Falle rechtsgeschäftlicher

Aufhebung (§ 876 Bürgerlichen Gesetzbuchs) — der Zustimmung des Dritten.

Ob und inwieweit das Trennstück von öffentlichen Lasten befreit werden soll, kann nur der zuständigen Verwaltungsbehörde überlassen werden; auf solche Lasten erstreckt sich daher das Unschädlichkeitszeugnis nicht. (Bem. 6.)

Im Abs. 2 des § 1 werden die zum Schutze der Drittberechtigten gebotenen gesetzlichen Voraussetzungen für die Erteilung des Unschädlichkeitszeugnisses bestimmt. Für alle Fälle ist dessen Zulässigkeit davon abhängig gemacht, daß das Trennstück im Verhältnisse zum ganzen Grundstück, oder falls die Belastungen sich auf mehrere Grundstücke erstrecken (insbesondere bei Gesamthypotheken), im Verhältnisse zu den sämtlichen belasteten Grundstücken, nach Wert und Umfang gering ist. An dieser ersten Voraussetzung muß festgehalten werden, da der behördliche Eingriff in die Rechte Dritter, der mit der Erteilung des Unschädlichkeitszeugnisses verbunden ist, sich naturgemäß nur auf eine verhältnismäßig geringfügige Veränderung an dem Gegenstande der Belastung gründen darf. Darin liegt sowohl die Rechtfertigung der Einrichtung wie das Bedürfnis nach ihr begründet. Als weiteres Erfordernis, das zu dem ersten hinzutreten muß, ist aufgestellt, daß entweder ein Nachteil für die Berechtigten überhaupt nicht eintritt oder daß der eintretende Nachteil — der mit Rücksicht auf die Voraussetzung der Nr. 1 nur ein verhältnismäßig geringfügiger sein kann — durch ein anderes Grundstück, das an Stelle des veräußerten Trennstücks die Belastungen tragen soll, oder durch eine Rechtsänderung sonstiger Art oder durch eine Geldleistung ausgeglichen wird. Daß das Ersatzgrundstück tauschweise gegen das Trennstück erworben wird, oder daß es an dieses angrenzt, wird, wenn auch beides häufig der Fall sein wird, nicht erfordert. Ebenso ist nicht bestimmt, daß das Ersatzgrundstück dem belasteten Reststücke zugeschrieben werde (Bürgerliches Gesetzbuch § 890 Abs. 2), wie es z. B. Art. 20 Abs. 1 Nr. 2 des preußischen Ausführungsgesetzes zur Grundbuchordnung vorschreibt, weil eine allgemeine Vorschrift dieser Art gegenüber dem § 16 des elsaß-lothringischen Ausführungsgesetzes zur Grundbuchordnung, der eine solche Zuschreibung nur unter Beschränkungen zuläßt, nicht angezeigt erscheint. (Bem. 7, 8.) (Bem. 9.) (Bem. 10, 11.)

Eine Rechtsänderung anderer Art, als die Mitbelastung eines Ersatzgrundstückes, kann zur Ausgleichung z. B. in der Weise vorgenommen werden, daß ein dem benachteiligten Berechtigten im Range vorgehendes Recht gelöscht wird, wodurch die Benachteiligung beseitigt wird, oder daß für die Ausübung einer Grunddienstbarkeit (etwa eines Wegerechts, einer Wasserleitung) an Stelle des bisher hierfür allein oder mitbestimmten Trennstücks eine andere Stelle des betreffenden Grundstücks bestimmt wird. Ueber die streitige Frage, ob eine Aenderung der letzteren Art in das Grundbuch einzutragen ist, vgl. Planck zu § 1023 Bürgerliches Gesetzbuch Note 4, Turnau-Förster zu § 1023 Note 1.

(Bem. 10, 11.) Eine Ausgleichung in Geld läßt der Entwurf nur in Ansehung von Hypotheken, Grundschulden und Rentenschulden zu. Die Ausgleichung kann hier lediglich nach der Wertminderung bestimmt werden, welche durch die Abtrennung des Teiles für das Grundstück eintritt. Dies entspricht der Natur der genannten Rechte, bei denen die Haftung des Grundstücks in seinem Verkehrswert und die Möglichkeit der Befriedigung aus seinem Werte das wesentliche ist. Bei anderen dinglichen Rechten, insbesondere dem Erbbaurecht, den Dienstbarkeiten und dem Vorkaufsrecht, ist das Grundstück zwar gleichfalls den Berechtigten verhaftet, aber nicht schlechthin als Wertgegenstand, sondern als Sachindividuum. Diese Berechtigten können daher nicht einfach auf eine die Wertminderung deckende Ausgleichungssumme verwiesen werden. Daraus, daß diese Berechtigten bei der Zwangsversteigerung oder der Enteignung (zu vgl. insbesondere Art. 52 des Einführungsgesetzes zum Bürgerlichen Gesetzbuch) sich die Verweisung auf den Wert gefallen lassen müssen, darf die Zulässigkeit eines gleichen Verfahrens im Falle des Unschädlichkeitszeugnisses nicht gefolgert werden. Denn bei der Zwangsversteigerung und der Enteignung beruhen die Veräußerung und der Untergang der Rechte, soweit sie nicht nach gesetzlicher Vorschrift oder nach Vereinbarung bestehen bleiben, auf einer gesetzlichen Notwendigkeit, und es bleibt für die Berechtigten keine andere Möglichkeit, als ihre — wenn auch nur teilweise — Befriedigung aus dem Erlöse zu suchen. Im Falle des vorliegenden Gesetzentwurfs dagegen soll umgekehrt die Voraussetzung für die lastenfreie Veräußerung sein, daß die Berechtigten keinen Schaden leiden. Kann hiernach der Betrag der Wertminderung für die Rechte der oben in zweiter Linie genannten Gattung als Ausgleichung nicht in Betracht kommen, so muß andererseits auch davon Abstand genommen werden, den Nachteil, den die einzelnen Berechtigten erleiden, in Geld ausgleichen zu lassen. Dies käme auf eine Ablösung der Rechte hinaus, die mit praktischen Schwierigkeiten verknüpft wäre und wofür nicht nur ein tatsächliches Bedürfnis, sondern auch die innere Rechtfertigung fehlt. Es ist vielmehr davon auszugehen, daß in Ansehung der genannten Rechte ein Unschädlichkeitszeugnis nur erteilt werden darf, wenn die lastenfreie Abtretung entweder ohne jeden Nachteil für die Berechtigten ist oder, wenn der Nachteil durch einen Ersatz im dinglichen Rechtsstand völlig ausgeglichen werden kann. Gelingt es dem Antragsteller nicht, die Erfüllung dieser Erfordernisse darzutun, so muß der Antrag in Ansehung der fraglichen Berechtigungen abgewiesen und es dem Antragsteller überlassen werden, sich mit den Beteiligten auseinanderzusetzen. Der Entwurf versagt die Ausgleichung in Geld auch bei Reallasten, obwohl diese den Hypotheken, Grundschulden und Rentenschulden nahe stehen. Es kommt hier in Betracht, daß Reallasten in Elsaß-Lothringen nur als Leibgedinge zulässig sind, meist also auf unbestimmte Dauer bestellt werden. Einem solchen Rechte entspräche die Zuweisung einer Rente aus der Ausgleichssumme (zu vgl. auch § 92 Abs. 2, § 121 des Reichsgesetzes über die Zwangsversteigerung und die Zwangsverwaltung). Die geringen Beträge, um die es sich in den Fällen des Entwurfs handelt, eignen sich aber für eine solche Regelung nicht, und überdies würde die Realsicherheit für die Gewährung der Rente fehlen, da grade die Lastenfreiheit des Grundstückteils bezielt wird. Aehnlich verhält es sich mit den Ueberbau- und Notwegrenten. — Hinsichtlich der nach dem Vorstehenden allein für Hypotheken, Grundschulden und Rentenschulden zugelassenen Geldausgleichung kann nach der Fassung des Entwurfs kein Zweifel bestehen, daß die Ausgleichungssumme nicht notwendig dem Werte des Grundstückteils, also etwa dem Kaufpreise hierfür gleichkommt. Maßgebend ist vielmehr die Wertminderung, die das Reststück durch Loslösung des Teiles aus seinem Zusammenhange erleidet. Diese kann sowohl geringer als auch höher sein wie der Wert des Trennstücks.

Die im Entwurf aufgestellten Erfordernisse erscheinen einerseits ausreichend, um eine Gefährdung der Berechtigten auszuschließen, andererseits nicht so enge, daß die Feststellung der Unschädlichkeit erschwert würde. Von der allgemeinen Zulassung von Bedingungen, an die das Unschädlichkeitszeugnis geknüpft werden kann, wie es das hessische und das badische Gesetz bestimmen, sieht der Entwurf ab, da es vorzuziehen sein möchte, die gesetzlichen Voraussetzungen in bestimmter Weise vorzuschreiben.

(Bem. 9.) Es kann der Fall eintreten, daß die lastenfreie Veräußerung des Trennstücks, für sich allein betrachtet, zwar für die Berechtigten nachteilig wäre, daß aber der Eintritt eines Nachteils schon durch die Eigentumsveränderung und den damit verfolgten Zweck selbst verhütet wird, z. B. weil das Trennstück zur Anlage einer öffentlichen Straße verwendet wird, durch deren Herstellung der Wert des Reststücks entsprechend erhöht wird. Steht eine solche Wertsteigerung fest, so ist damit die Voraussetzung, daß ein Nachteil für die Berechtigten nicht zu besorgen ist, erfüllt, und es bedarf daher einer weiteren Ausgleichung hier nicht. Selbstverständlich muß in solchen Fällen der Umstand, welcher eine Benachteiligung der Berechtigten durch die Befreiung des Trennstücks tatsächlich ausschließt, unzweifelhaft nachgewiesen sein. Dies gilt namentlich, wenn eine den Wert des Hauptgrundstücks steigernde Verwendung des Trennstücks nicht bereits bewirkt, sondern nur in Aussicht gestellt ist. Solchenfalls wird der Nachweis regelmäßig nur als erbracht gelten können, wenn die Ausführung einer Anlage durch eine öffentliche Verwaltung in unzweifelhafter Weise sicher gestellt ist.

(Bem. 13.) Nach Abs. 3 kann das Unschädlichkeitszeugnis auf einzelne Belastungen beschränkt werden. Dieser Fall kann z. B. sich erforderlich erweisen, wenn die lastenfreie Abtretung eines Trennstücks nur für diejenigen Hypothekengläubiger unschädlich ist, welchen außer dem betreffenden Grundstücke noch andere haften. Der Veräußerer oder der Erwerber kann ein Interesse an der Erteilung eines derart beschränkten Zeugnisses namentlich dann haben, wenn eine Verständigung gerade mit diesen Gläubigern nicht zu erreichen ist. Ebenso kann ein beschränktes Zeugnis dann in Frage kommen, wenn der Veräußerer oder der Erwerber sich mit einem Dienstbarkeitsberechtigten geeinigt hat, es sich aber darum handelt, die Unschädlichkeit gegenüber den Hypotheken-, Grundschuld- oder Rentenschuldgläubigern (gegen oder ohne Ausgleichung) festzustellen.

Der § 2

behandelt den Fall der Ausgleichung des Rechtsverlustes durch eine Geldleistung und wird einer weiteren Begründung nicht bedürfen. Zu vgl. hierzu auch die Vorschrift im § 5 Abs. 3 Satz 2, wonach die Löschung der Belastungen nicht vor der Hinterlegung der zur Ausgleichung bestimmten Geldleistung erfolgen darf.

Der hinterlegte Betrag tritt nach Abs. 2 für die Berechtigten mit dem Erlöschen ihres Rechtes an die Stelle des Trennstücks. Hieraus ergibt sich, daß die Verteilung des Betrags erst eintreten kann, wenn das Trennstück auf den Erwerber übertragen ist und die auf ihm ruhenden Rechte nach Maßgabe des § 5 erloschen sind. Als Berechtigte, unter welche die Ausgleichungssumme zu verteilen ist, kommen nach der Vorschrift des § 1 Abs. 2 Nr. 2 nur Hypotheken-, Grundschuld- und Rentenschuldgläubiger in Betracht. (Bem. 17.)

Da die dingliche Rechtslage bereits im Verfahren auf Erteilung des Unschädlichkeitszeugnisses zu ermitteln und festzustellen ist, kann von der im § 32 Ziff. 2 des Ausführungsgesetzes zum Zwangsversteigerungsgesetze dem Antragsteller gemachten Auflage, einen Auszug aus den früheren Hypothekenregistern vorzulegen, hier abgesehen werden. Bezüglich des Antrags selbst und der Teilnahme am Verteilungsverfahren ist im § 4 besondere Bestimmung getroffen. (Bem. 18.)

Die Vorschrift, daß im Verteilungsverfahren die Hauptansprüche vor den Kosten und Nebenleistungen zu befriedigen sind, bildet eine Abweichung vom § 12 des Reichsgesetzes über die Zwangsversteigerung und die Zwangsverwaltung; sie rechtfertigt sich bei den hier in Frage kommenden kleineren Beträgen durch die Rücksicht auf die dem Erstberechtigten nachstehenden Gläubiger. (Bem. 19.)

Die §§ 3 und 4

treffen die Bestimmungen über das Verfahren, soweit dies auf der allgemeinen Grundlage der Verfahrensvorschriften in Sachen der freiwilligen Gerichtsbarkeit noch erforderlich erscheint. Dem Antragsteller liegt es ob, die Sach- und Rechtslage klarzustellen. Dadurch wird jedoch die, entsprechend der allgemeinen Vorschrift des § 12 des Reichsgesetzes über die Angelegenheiten der freiwilligen Gerichtsbarkeit, dem Gerichte von Amts wegen obliegende Ermittelungstätigkeit nicht berührt. — Um Zweifel hieran auszuschließen, ist im § 2 Abs. 3 eine bezügliche Bestimmung getroffen, die auch eine nähere Anweisung über die Anhörung der Berechtigten enthält. Von einer Vorschrift, in (Bem. 25.) (Bem. 25 a. E., 27.)

jedem Falle ein Sachverständigen-Gutachten über die Wertveränderung des Grundstücks zu erfordern, sieht der Entwurf, gleich den Gesetzen anderer Staaten, ab. Das Erforderliche muß hier bei der Verschiedenheit der Fälle und der unter Umständen gebotenen Rücksicht auf die Kosten dem pflichtmäßigen Ermessen des Gerichts überlassen bleiben. Auch eine ausdrück-
(Bem. 25 a.) liche Vorschrift, daß eine Meßurkunde über die Formveränderung vorzulegen sei, ist nicht aufgenommen. Handelt es sich um ein Grundstück im Gebiete des bereinigten Katasters, so ist eine Meßurkunde zu errichten und zum Zwecke der Eintragung der Eigentumsübertragung dem Grundbuchamte vorzulegen (zu vgl. § 51 des Katastergeſ. vom 31. März 1884 § 54 Buchst. c, § 119 der Ausführungsbestimmungen, betr. die Führung der Eigentumsbücher und vorläufigen Grundbücher, vom 3. Juni 1901). Es wird sich von selbst ergeben, daß diese Urkunde auch beim Antrag auf Erteilung des Unschädlichkeitszeugnisses, wenn dieser vor dem Eigentumsübergang gestellt wird, vorgelegt, beziehungsweise die Vorlegung von dem Amtsgerichte verlangt wird. Dagegen ginge es zu weit, auch für das Gebiet des Eigentumsbuchs die Vorlegung einer Meßurkunde unterschiedslos vorzuschreiben, nachdem für den Fall der grundbuchmäßigen Behandlung der Uebertragung des Eigentums an einem Grundstücksteile von einer solchen Vorschrift Abstand genommen worden ist.

(Bem. 25 b, 51, 52.) Besondere Vorschriften sind für das Gebiet des Zwischenrechts im § 9 Abs. 2, 3 in der Richtung getroffen, daß die Eintragung des belasteten sowie des etwa zur Ausgleichung dienenden Grundstücks vor der Erteilung des Unschädlichkeitszeugnisses zu bewirken ist. Dies ist mit Rücksicht auf § 5 Abs. 4, 5 erforderlich. Für das Grundbuchgebiet sind solche Vorschriften nicht nötig. Denn daß hinsichtlich eines nicht eingetragenen und nicht einzutragenden Grundstücks (Kais. Verdn. v. 11. Dezember 1899) ein Unschädlichkeitszeugnis verlangt wird, wird nicht leicht vorkommen, da die Belastung eines solchen Grundstücks die Buchungsfreiheit aufhebt (zu vgl. Grundb.-Ordn. § 90). Sollte ausnahmsweise dennoch der Fall vorkommen, etwa mit Rücksicht auf eine altrechtliche Grunddienstbarkeit, oder sollte ein buchungsfreies Grundstück zur Ausgleichung herangezogen werden, so ergibt es sich aus der Natur der Sache und aus der Analogie mit § 9 Abs. 2, 3, daß das Gericht die vorherige Eintragung durch Zwischenverfügung aufzugeben hat.

Zur Feststellung der an dem Grundstücke bestehenden Rechte (Bem. 26, 27.) dient vor allem das Grundbuch. Auf Grund der Angaben des Antragstellers und, soweit hierfür ein Anlaß besteht, der Ermittelungen des Gerichts sind auch die etwa nicht eingetragenen Berechtigten zu berücksichtigen. In Betracht kommen hierbei namentlich die Grunddienstbarkeitsberechtigten, deren Recht schon vor dem Inkrafttreten des Bürgerlichen Gesetzbuchs bestanden hat (Artikel 187 Einführungsgesetz zum Bürgerlichen Gesetzbuch). In weiterem Umfange besteht die Angabepflicht des Antragstellers und die Ermittelungstätigkeit des Gerichts im Gebiete des Zwischenrechts, da hier auch auf die Register der früheren Hypothekenämter zurückzugreifen ist.

Wie sich aus § 3 Abs. 1 ergibt, kann das Unschädlichkeits- (Bem. 24, 25c.) zeugnis schon vor dem Eigentumsübergange verlangt werden. Selbstverständlich wird es erst im Falle der Eigentumsübertragung wirksam und auch nur für diesen Fall erteilt; denn zu den gesetzlichen Voraussetzungen für die Erteilung des Unschädlichkeitszeugnisses gehört nach § 1 des Entwurfs (Art. 120 des Einführungsgesetzes zum Bürgerlichen Gesetzbuch) auch der Veräußerungsfall. Nach § 3 Abs. 2 hat der Antragsteller diesen Fall darzutun. Besteht für diesen Veräußerungsfall ein (Bem. 5.) Vorkaufsrecht eines Dritten, so ist, solange die Ausübung oder Nichtausübung des Vorkaufsrechts noch nicht entschieden ist, die Möglichkeit, die in Aussicht genommene Veräußerung zu verwirklichen, zweifelhaft. Das Zeugnis kann daher in einem solchen Falle erst erteilt werden, wenn feststeht, daß das Vorkaufsrecht nicht ausgeübt wird. Erstreckt sich das Vorkaufsrecht noch auf weitere Verkaufsfälle, so kann es, wie in der allgemeinen Begründung bereits bemerkt ist, in dieser Beziehung wie die anderen dinglichen Rechte mit dem Unschädlichkeitszeugnisse beseitigt werden. — Ist der Antrag von dem Er- (Bem. 28.) werber des Trennstücks gestellt, so wird auch die Anhörung des Veräußerers über das Bestehen von nicht eingetragenen Rechten sich als notwendig erweisen. Zur Stellung des Antrags ist der Erwerber aus eigenem Rechte und insbesondere unabhängig davon berechtigt, ob der Veräußerer im Veräußerungsvertrage die Verpflichtung übernommen hat, das Trennstück von den darauf ruhenden Lasten zu befreien.

Was den Inhalt der gerichtlichen Verfügung anlangt, so werden die Vorschriften des § 4 einer näheren Begründung nur hinsichtlich der an die Realgläubiger zu richtenden Aufforderung (Bem. 36.) bedürfen. In vielen Fällen wird ein Hypotheken-, Grundschuld- oder Rentenschuldgläubiger es vorziehen, sich mit der Sicherheit, die das Reststück für seinen Anspruch bietet, zu begnügen und auf die Auszahlung der Ausgleichungssumme seinerseits zu verzichten. Dies wird namentlich dann der Fall sein, wenn der Gläubiger an vorderer Stelle steht, einen Ausfall nicht zu befürchten hat und seine gesicherte Geldanlage erhalten will. Der Rücksicht hierauf trägt die Aufforderung, in bestimmter Frist zu erklären, ob die Verteilung der Summe verlangt wird, mit der Folge, daß die Unterlassung einer Erklärung als Verzicht auf das Recht an der Summe gelte, im Interesse der Gläubiger Rechnung. Eine ähnliche Regelung enthält das bayerische Gesetz (Art. 11).

(Bem. 39, 40.) Aus den §§ 19, 20 des Reichsgesetzes über die Angelegenheiten der freiwilligen Gerichtsbarkeit ergibt sich, daß gegen die Verfügung des Gerichts die Beschwerde zulässig ist. Hierbei kann es jedoch für diejenige Verfügung, durch welche das Unschädlichkeitszeugnis erteilt wird, nicht bewenden. Hier ist es erforderlich, daß Klarheit über die Rechtslage geschaffen wird. § 4 Abs. 3 bestimmt deshalb, daß gegen die Verfügung, durch welche das Unschädlichkeitszeugnis erteilt wird, das Rechtsmittel der sofortigen Beschwerde stattfindet, und daß die Verfügung erst mit der Rechtskraft wirksam wird. Hinsichtlich der weiteren Beschwerde kommen die Vorschriften der §§ 26 ff. (vgl. insbesondere § 29 Absatz 2) des Reichsgesetzes über die freiwillige Gerichtsbarkeit in Verbindung mit § 1 des Ausführungsgesetzes hierzu in Betracht.

## § 5.

Die mit der Rechtskraft eintretende Wirksamkeit des Unschädlichkeitszeugnisses stellt den Inhalt der richterlichen Entscheidung als für die Beteiligten bindend fest, aber sie bewirkt nach dem Systeme des Entwurfs für sich allein noch nicht die Befreiung des Trennstücks von allen Belastungen oder den Eintritt einer zur Ausgleichung bedungenen eintragungspflichtigen Rechtsänderung. Nur solche, übrigens wenig in Betracht kommende Belastungen, welche in das Grundbuch nicht eingetragen sind, sollen mit der Rechtskraft des Zeugnisses beseitigt werden. Zur Befreiung von den übrigen Belastungen bedarf es dagegen der

Löschung im Grundbuche. Diese ist von den Beteiligten nach (Bem. 42.)
den Vorschriften der Grundbuchordnung zu bewirken mit der Maßgabe, daß die hiernach erforderliche Bewilligung der Berechtigten (Grundbuchordnung § 19) durch das rechtskräftige Unschädlichkeitszeugnis ersetzt wird. Das Entsprechende soll für die Aenderungen im dinglichen Rechtsstande gelten, die zur Ausgleichung für den Rechtsverlust der Berechtigten bestimmt sind.

Die durch das Unschädlichkeitszeugnis bestimmten Rechtswirkungen haben ihren Anlaß und ihre Begründung in dem Eigentumswechsel hinsichtlich des Trennstücks. Dem entspricht es, daß nach § 5 Abs. 1 die Befreiung des Trennstücks, auch soweit sie sich außerhalb des Grundbuchs vollzieht, keinesfalls vor dem Eigentumsübergang eintritt, und daß § 5 Abs. 3 die Löschung der Belastungen sowie die Eintragung der ausgleichenden Rechtsänderungen nur *gleichzeitig* mit der Eintragung des Eigentumswechsels *oder nach* dem Eigentumsübergang zuläßt. Die weitere Bestimmung, daß im Falle der Ausgleichung in Geld die Löschung der Belastungen nicht vor der Hinterlegung des Geldbetrags zulässig sein soll, dient dem Schutze der Berechtigten.

Zwischen der Erteilung des Unschädlichkeitszeugnisses und den (Bem. 45.)
nach seiner Rechtskraft erfolgenden Löschungen und Eintragungen können, sofern zu dem erstgenannten Zeitpunkte das Trennstück nicht bereits von dem Hauptgrundstück abgeschrieben ist, neue Rechte an diesem entstehen, durch deren Berücksichtigung die Frage nach der Unschädlichkeit der lastenfreien Abschreibung des
Trennstücks zu einem veränderten Ergebnisse führen kann. Ebenso (Bem. 46.)
können an einem zur Ausgleichung bestimmten Grundstücke neue Rechte entstehen, die es als Ersatz nicht mehr tauglich erscheinen lassen. Um im ersten Falle die Erwirkung eines ergänzenden Unschädlichkeitszeugnisses nicht notwendig zu machen, und im zweiten eine Benachteiligung der auf den Ersatz verwiesenen Berechtigten zu verhüten, schreibt der Entwurf vor, daß der Inhalt des Unschädlichkeitszeugnisses sofort bei dessen Erteilung im Grundbuch ersichtlich zu machen ist. Im ersten der beiden erwähnten Fälle geschieht dies durch einen Vermerk über die Erteilung des Zeugnisses, dem eine entsprechende Rechtswirkung beigelegt ist; im zweiten Falle, wo es sich um die Begründung, die Aenderung, möglicherweise auch um die Aufhebung eines Rechtes handelt (vgl. die Begründung zu § 1 Abs. 2), wird der

Zweck durch eine von Amts wegen einzutragende Vormerkung
(Bem. 47.) im Sinne des § 883 des Bürgerlichen Gesetzbuchs erreicht. Liegt das Ersatzgrundstück, bei dem die Vormerkung einzutragen ist, in einem anderen Grundbuchbezirke, so versteht es sich von selbst, daß das Amtsgericht das zuständige Grundbuchamt um die Eintragung der Vormerkung zu ersuchen hat. Zu vgl. einen ähnlichen Fall im § 49 der Grundbuchordnung und hierzu Achilles-Strecker Note 5.

§ 6.

Nach den §§ 42 und 43 der Grundbuchordnung soll eine Eintragung bei einer Hypothek, Grundschuld oder Rentenschuld, über die ein Brief erteilt ist, regelmäßig nur erfolgen, wenn der Brief vorgelegt wird, und nach den §§ 62, 70 ist die Eintragung auf dem Briefe zu vermerken. Für den Fall des Unschädlichkeitszeugnisses kommt hier wesentlich die Eintragung der Löschung in Betracht. Ebenso ist die Mitbelastung eines anderen Grundstücks auf dem Briefe zu vermerken (§§ 63, 70) und, wenn das neubelastete Grundstück in einem anderen Grundbuchbezirke liegt, ist ein neuer Brief auszustellen und mit dem bisherigen Briefe zu verbinden (§§ 59, 70). In ähnlicher Weise ist im § 44 der Grundbuchordnung vorgeschrieben, daß eine Eintragung bei einer Hypothek für die Forderung aus einer Schuldverschreibung auf den Inhaber oder aus einem anderen indossabelen Papiere nur erfolgen soll, wenn die Urkunde vorgelegt wird, und daß die Eintragung auf der Urkunde zu vermerken ist.

In den Fällen der Erteilung des Unschädlichkeitszeugnisses kann diesen Vorschriften nicht immer entsprochen werden. Dem Antrage des Eigentümers des Trennstücks auf Löschung der Hypothek usw. muß stattgegeben werden können, auch wenn der Gläubiger den Brief oder die Urkunde nicht vorlegt. Die Eintragung der Mitbelastung eines anderen Grundstücks könnte an sich dem Antrage des Gläubigers, der den Brief oder die Urkunde vorzulegen hätte, überlassen bleiben. Es wird sich aber empfehlen, die Eintragung der sämtlichen erforderlichen Rechtsänderungen einheitlich auf Antrag des Eigentümers zu ermöglichen.

Damit die Eintragungen in der Folge noch ordnungsmäßig auf dem Briefe oder der Urkunde vermerkt werden kö nen, ist im Abs. 2 bestimmt, daß das Grundbuchamt den Besitzer nachträglich zur Vorlegung anhalten kann.

## §§ 7 und 8.

Außer dem Falle der Veräußerung eines Teiles eines belasteten Grundstücks läßt Art. 120 des Einführungsgesetzes zum Bürgerlichen Gesetzbuch im Abs. 2 die Feststellung der Unschädlichkeit zu:

1. wenn im Falle der Teilung eines mit einer Reallast belasteten Grundstücks die Reallast auf die einzelnen Teile des Grundstücks verteilt werden soll,
2. wenn ein dem jeweiligen Eigentümer eines Grundstücks an einem anderen Grundstücke zustehendes Recht aufgehoben werden soll und das Grundstück des Berechtigten zugunsten eines Dritten belastet ist,
3. wenn in den Fällen des § 1128 des Bürgerlichen Gesetzbuchs oder des Art. 52 des Einführungsgesetzes zum Bürgerlichen Gesetzbuch eine Versicherungssumme oder eine Entschädigung an den Eigentümer einer Sache auszuzahlen ist und an dem Anspruche des Eigentümers Rechte Dritter bestehen.

Hinsichtlich des ersten Falles fehlt es in Elsaß-Lothringen mit Rücksicht auf § 76 des Ausführungsgesetzes zum Bürgerlichen Gesetzbuch an dem Bedürfnis nach einer Regelung. Dagegen sind die Fälle unter Nr. 2 und 3 vom Entwurfe in gewissem Umfange berücksichtigt.

**I — § 7.** — Rechte, welche dem jeweiligen Eigentümer eines (Bem. 48.) Grundstücks an einem anderen Grundstücke zustehen, sind die Grunddienstbarkeiten; außerdem kommt für Elsaß-Lothringen nur noch das Vorkaufsrecht in Betracht, das in dieser Weise bestellt werden k a n n. Ein solches mit dem Eigentum an einem Grundstücke verbundenes Recht an einem anderen Grundstücke kann, wenn das Grundstück des Berechtigten (das herrschende Grundstück) mit dem Rechte eines Dritten belastet ist, nach § 876 Bürgerlichen Gesetzbuchs nur mit Zustimmung dieses Dritten aufgehoben werden, es sei denn, daß das Recht des Dritten durch die Aufhebung nicht berührt wird. Besteht also z. B. zugunsten des jeweiligen Eigentümers des Grundstücks A ein Wegerecht oder ein Ueberfahrtsrecht an dem Grundstück B und ist das Grundstück A mit einer Hypothek zugunsten des X belastet, so bedarf es zur Aufhebung des Wege- oder Ueberfahrtsrechts der Zustimmung des X, da das Grundstück A durch den Wegfall des Rechtes im Werte möglicherweise sinken kann. Ob der Ausnahmefall vorliegt, daß das Recht des Dritten durch die Aufhebung nicht berührt wird, wird nicht immer klar zu Tage liegen und, zumal da im Zwangsversteigerungsfalle der Dritte Anspruch auf Befriedigung aus dem Werte des Grundstücks hat (§ 92 des Zwangsversteigerungsgesetzes), unter den Beteiligten oft streitig sein. Häufig wird aber die Aufhebung des Rechtes für die an dem Grundstücke Berechtigten tatsächlich unschädlich sein, so z. B. wenn im obigen Beispiele das Grundstück A eine bessere Zufahrt durch Anlage eines öffentlichen Weges erhält, vermöge deren es der Grunddienstbarkeit nicht mehr bedarf und der Verlust der letzteren seinen Wert nicht mindert. Für solche Fälle soll nach der Vorschrift des § 7 ein Unschädlichkeitszeugnis ebenso erteilt werden können, wie im Falle der Veräußerung eines Grundstücksteiles. Die vorausgegangenen Vorschriften finden entsprechende Anwendung.

(Bem. 48.) II — § 8. — Von dem Vorbehalte des Art. 120 Abs. 2 Nr. 3 des Einführungsgesetzes zum Bürgerlichen Gesetzbuch ist im § 8 des Entwurfs zum Teil Gebrauch gemacht, nämlich für die Fälle, in denen dem Eigentümer eines Grundstücks ein Entschädigungsanspruch daraus erwachsen ist, daß er im öffentlichen Interesse einen Eingriff erdulden mußte. In Betracht kommen die folgenden Vorschriften:

a) Art. 52 des Einführungsgesetzes zum Bürgerlichen Gesetzbuche, der den Fall der Entschädigung auf Grund eines Reichsgesetzes behandelt. Hiernach haben, wenn dem Eigentümer einer Sache wegen Entziehung, Beschädigung oder Benutzung der Sache oder wegen Beschränkung des Eigentums eine Entschädigung zu gewähren ist, Dritte, denen ein Recht an der Sache zusteht, bei Beeinträchtigung dieses Rechtes an der Entschädigung dieselben Rechte, welche ihnen im Falle der Zwangsversteigerung zustehen würden. Handelt es sich um eine an einen Grundstückseigentümer zu leistende Entschädigung, so darf nach Art. 53 des Einführungsgesetzes diese erst ausgezahlt werden, nachdem die Drittberechtigten, soweit tunlich, entsprechend benachrichtigt und Widersprüche gegen die Auszahlung binnen Monatsfrist ihrerseits nicht erhoben worden sind. Wird Widerspruch von einem Berechtigten erhoben, so kann der Eigentümer wie jeder Berechtigte das

Verteilungsverfahren nach Maßgabe der für den Zwangsversteigerungsfall geltenden Vorschriften beantragen.

b) Dieselben Vorschriften der Art. 52, 53 des Einführungsgesetzes zum Bürgerlichen Gesetzbuch kommen zufolge Art. 67 desselben Gesetzes zur Anwendung in Ansehung der Entschädigungen, welche einem Eigentümer wegen bergrechtlicher Eingriffe nach den §§ 127 ff. des Berggesetzes vom 16. Dezember 1873 zu zahlen sind. *[vgl. noch Nachr. S. 60.]*

c) Nach den Art. 54, 59 des Gesetzes, betreffend die Zwangsenteignung, vom 3. Mai 1841, ist die im Enteignungsverfahren festgestellte oder vereinbarte Entschädigung, wenn Rechte Dritter hieran bestehn, zu hinterlegen und unter die Berechtigten zu verteilen. Das Verteilungsverfahren bestimmt sich gemäß § 32 des Ausführungsgesetzes zum Reichsgesetz über die Zwangsversteigerung und die Zwangsverwaltung auch hier nach den Verteilungsvorschriften dieses Reichsgesetzes.

Für die sämtlichen vorerwähnten Fälle empfiehlt es sich, die Feststellung zuzulassen, daß die Auszahlung der Entschädigung an den Eigentümer für die an der Entschädigung berechtigten Dritten unschädlich ist. Denn es werden hier häufig Entschädigungen für die Entziehung eines geringfügigen Teiles eines Grundstücks oder für die Beschränkung des Eigentums in Betracht kommen, deren Auszahlung für die berechtigten Dritten ohne Nachteil ist. Daß — anlangend die Fälle des Art. 52 des Einführungsgesetzes zum Bürgerlichen Gesetzbuch — nur der Fall der an den Eigentümer eines **Grundstücks** zu leistenden Entschädigung in die Regelung einbezogen ist, rechtfertigt sich daraus, daß nur für solche Fälle ein Bedürfnis besteht.

Zu bemerken ist noch, daß die auf den Enteignungsfall (unter c) bezügliche Regelung nicht auf dem Vorbehalte des Art. 120 des Einführungsgesetzes zum Bürgerlichen Gesetzbuche, sondern auf Art. 109 dieses Gesetzes beruht.

Für die Fälle des § 1128 Bürgerlichen Gesetzbuchs — Auszahlung einer Versicherungssumme — sieht der Entwurf von der Zulassung eines Unschädlichkeitszeugnisses ab, da ein Bedürfnis in diesem Falle, in dem auch nicht ein Immobiliarverteilungsverfahren einzutreten hat, nicht bestehen möchte.

§ 9

(Bem. 49.) trifft die erforderlichen Uebergangsbestimmungen für das liegenschaftliche Zwischenrecht. Schon in der Begründung zu den §§ 3, 4 ist hervorgehoben, daß hier, wenigstens bis zum Ablaufe der im § 113 des Ausführungsgesetzes zum Bürgerlichen Gesetzbuch bestimmten Frist, bei der Feststellung der Berechtigten auf die Register des Hypothekenamts zurückgegangen werden muß.

Hinsichtlich der Abs. 2, 3 wird auf die Begründung zu den §§ 3 und 4 Bezug genommen.

§ 10.

Die auf drei Zehnteile der Gebühr des deutschen Gerichtskostengesetzes bemessene Gerichtsgebühr wird der Bedeutung und dem Umfange der dem Gericht obliegenden Verrichtungen entsprechen. In derselben Höhe hat das bayerische Gesetz (Art. 21) die Gebühr festgesetzt.

Die Bestimmung, daß die auf Grund des Unschädlichkeitszeugnisses im Grundbuch (Eigentumsbuch, vorläufigen Grundbuch) vorzunehmenden Eintragungen gebührenfrei sein sollen, entspricht ähnlichen Vorschriften im § 85 des Gerichtskostengesetzes für Elsaß-Lothringen (zu vgl. namentlich Ziffer 1 c).

Für das gerichtliche Verteilungsverfahren kommen die Vorschriften des Gerichtskostengesetzes für Elsaß-Lothringen (zu vgl. § 118) und der Gebührenordnung für Notare zur Anwendung.

## II. Bericht der II. Kommission über die Vorlage Nr. 3: Entwurf eines Gesetzes über das Unschädlichkeitszeugnis.

Von einer Generaldiskussion wurde Abstand genommen. Aus der Beratung über die einzelnen Vorschriften des Entwurfs ist das Folgende hervorzuheben:

Zum § 1.

Ein Mitglied regte die Frage an, ob es sich nicht empfehle, die Erteilung eines Unschädlichkeitszeugnisses in weiterem Umfange vorzuschlagen, als es im Entwurf geschehe. Bereits nach dem Gesetze, betreffend die autorisierten Genossenschaften zum Zwecke der Regelung von Feldwegen sowie der Herstellung von

Bewässerungen und Entwässerungen, vom 30. Juli 1890 (§ 5) finde bei dem Austausche von Grundstücken zum Zwecke der Flurbereinigung ein Uebergang der auf einem beteiligten Grundstücke ruhenden Rechte auf das eingetauschte Grundstück, gegebenenfalls unter gleichzeitiger Festsetzung von Entschädigungen, statt. Im wirtschaftlichen Interesse der Grundeigentümer empfehle es sich wohl, den gleichen Gedanken auch außer dem Falle des erwähnten Gesetzes zu verwirklichen. Mitunter werde nämlich von benachbarten Grundeigentümern eine andere, der Bewirtschaftung dienlichere Einteilung ihres Eigentums vereinbart; es fehle aber für solche Fälle an einem einfachen Verfahren, welches gestatte, auch ohne Zuziehung der Hypothekengläubiger mit der Neueinteilung des Eigentums zugleich die Befreiung des ausgetauschten Grundstückteiles von der Hypothek und die Belastung des eingetauschten Teiles zu erzielen. Ein Bedürfnis hierfür sei aber anzuerkennen, weil die Gläubiger in manchen Fällen wegen Aufenthalts im Ausland oder an unbekanntem Orte nicht zu erreichen seien oder weil sie ihre Zustimmung grundlos versagen. Auch im Falle des völligen Austauschs ganzer Grundstücke bestehe das gleiche Bedürfnis. Es komme daher in Frage, die Voraussetzung, die der § 1 für die Erteilung des Unschädlichkeitszeugnisses aufstelle, daß nämlich das Trennstück im Verhältnisse zum ganzen Grundstück oder, falls die Belastungen sich auf mehrere Grundstücke erstrecken, im Verhältnisse zur Gesamtheit der belasteten Grundstücke von geringem Umfange und Werte sei, fallen zu lassen, und weiter, die Erteilung eines Unschädlichkeitszeugnisses nicht nur bei Veräußerung eines Grundstücksteiles, sondern auch beim Austausche ganzer Grundstücke zuzulassen, wodurch sich auch außer bei § 1 einzelne Aenderungen im Entwurf ergäben. Verschiedene Fälle der zur Sprache gebrachten Art eines Austauschs wurden von dem Mitgliede an der Hand von Skizzen erläutert.

Seitens der Regierung wurde folgendes erklärt: Zunächst sei zu beachten, daß Art. 120 des Einf.-Ges. z. B. G. B., der die Landesgesetzgebung zu Bestimmungen über das Unschädlichkeitszeugnis ermächtige, ein solches nur zulasse, wenn ein Teil eines Grundstücks veräußert werde, nicht auch beim Austausche ganzer Grundstücke. Allerdings sei eine Aenderung im dinglichen Rechtsbestande bei einer Neueinteilung des Grundeigentums und ähnlichen wirtschaftlichen Regelungen durch Art. 113 des Einf.- (Bem. 2.)

Ges. ohne besondere Einschränkung zugelassen, und auf diesem Vorbehalte beruhe die fortdauernde Geltung des Gesetzes vom 30. Juli 1890. Allein dort handele es sich um agrarrechtliche Prozeduren im öffentlichen Interesse, in denen nicht kurzer Hand die Entscheidung im Wege einer Anordnung der freiwilligen Gerichtsbarkeit getroffen werden könne. So setze insbesondere das erwähnte Landesgesetz die Bildung einer Syndikatsgenossenschaft voraus, die nur unter bestimmten gesetzlichen Garantien zustande komme; ferner seien die Veränderungen, die im Bestande der Rechte getroffen werden sollen, in einem offenzulegenden Zuteilungswerke, gegen welches jeder Beteiligte Einwendungen zu erheben in der Lage sei, bekannt zu machen.

In dem vorliegenden Entwurfe dagegen handele es sich nicht sowohl um die Regelung agrarrechtlicher Verhältnisse, sondern um die Ermöglichung, in einem einfachen Verfahren, auch ohne Einwilligung der Hypothekengläubiger oder sonstiger Berechtigten den veräußerten Teil eines Grundstücks von den auf dem Grundstück und folgeweise auch auf dem Trennstücke ruhenden dinglichen Rechten, an deren Weiterbestand auf dem Trennstücke die Berechtigten kein oder ein leicht auszugleichendes Interesse haben, zu befreien. Es sei aber nach der Natur der Sache und im Hinblick auf die zu schützenden Interessen der Berechtigten gerechtfertigt, ein solches Verfahren nur dann zuzulassen, wenn das Trennstück einen verhältnismäßig kleinen und geringwertigen Teil des ganzen Grundstücks bilde. Nur für solche Fälle bestehe auch ein wirkliches Bedürfnis, während anderweitige Aenderungen im Rechtsbestande außerhalb des Anwendungsbereichs des Flurbereinigungsgesetzes der privaten Vereinbarung der Parteien überlassen werden müßten und könnten. Es empfehle sich daher nicht, der Anregung, auch soweit sie sich in gesetzlich zulässigem Rahmen bewege, Folge zu geben.

Auch von einigen Mitgliedern der Kommission wurden Bedenken gegen die Anregung erhoben, ohne daß sie eine Unterstützung erfuhr. Ein förmlicher Antrag wurde nicht gestellt.

Im weiteren wurde von einem Mitgliede das Folgende ausgeführt: In der verflossenen Tagung des Landesausschusses sei bei der ersten Lesung des Entwurfs von einem Abgeordneten die Zuständigkeit des Amtsgerichts für die Erteilung von Unschädlichkeitszeugnissen bemängelt worden. Er halte es daher für erwünscht, wenn die Kommission zu der Frage Stellung nehme, die seines Dafürhaltens nur im Sinne der vom Entwurfe vorgeschlagenen Zuständigkeit des Amtsgerichts entschieden werden könne. Dieser im einzelnen näher entwickelten Auffassung stimmten sowohl einige Mitglieder wie die Regierung ausdrücklich bei, und es ist nach dem Ergebnisse der Beratung als einmütige Ansicht der Kommission zu bezeichnen, daß der Gedanke einer Uebertragung der Zuständigkeit auf das Landgericht an Stelle des Amtsgerichts abzuweisen sei. Es handele sich im Entwurf um eine Tätigkeit der freiwilligen Gerichtsbarkeit, die im allgemeinen Sache der Amtsgerichte sei, und die in diesem Falle überdies in einem engen Zusammenhange mit der Grundbuchführung stehe, auch die sachliche Bedeutung der Angelegenheit entspreche durchaus der Zuständigkeit des Einzelrichters, der auch den in Betracht zu ziehenden tatsächlichen Verhältnissen näher stehe, als das Landgericht. Selbstverständlich müsse eine Befassung des Landgerichts, wie auch des Oberlandesgerichts mit der Sache ermöglicht werden; diese Möglichkeit sei aber durch Zulassung des Beschwerderechts gegeben, das, ohne Ausschaltung der amtsrichterlichen Instanz, eine Nachprüfung in sachlicher wie in rechtlicher Hinsicht auf Verlangen der Beteiligten gewährleiste.

Von einem Mitgliede wurde noch die Frage aufgeworfen, ob nicht ein bestimmtes Größenverhältnis des Trennstücks zum ganzen Grundstück als Voraussetzung des Unschädlichkeitszeugnisses zu bestimmen sei. In Uebereinstimmung mit der Regierung gab die Kommission dem System des Entwurfs, der in dieser Beziehung dem Ermessen des Richters eine bestimmte Schranke nicht zieht, den Vorzug, da eine zuverlässige Grenze, die bei den verschiedenen tatsächlichen Verhältnissen immer das Richtige träfe, sich von vornherein nicht bestimmen lasse. (Bem. 7.)

Hierauf wurde § 1 in der Fassung des Entwurfs ohne Widerspruch angenommen.

§ 2

gab zu besonderen Erörterungen keinen Anlaß und wurde einstimmig angenommen.

§ 3.

Ein Mitglied war geneigt, im Absatz 3 an Stelle der instruktionellen Vorschrift die Anhörung der Berechtigten vor der Entscheidung als notwendiges Erfordernis aufzustellen. (Bem. 28.)

Von anderer Seite, wie auch von der Regierung, wurde diesem Vorschlage widersprochen. Es müsse, wurde ausgeführt, darauf vertraut werden, daß die Amtsrichter der Absicht des Entwurfs gerecht würden und die Anhörung der Berechtigten, wenn nicht eine damit verbundene erhebliche Verzögerung überwiegende Nachteile im Gefolge habe oder unverhältnismäßige Kosten aufzuwenden seien, bewerkstelligten. Auf der anderen Seite werde aber, wie insbesondere seitens der Regierung hervorgehoben wurde, das beabsichtigte Gesetz zum Teil illusorisch, wenn von der Anhörung nicht abgesehen werden dürfe; denn gerade auch die Fälle, in denen der Berechtigte abwesend und nicht oder nur mit besonderen Schwierigkeiten zu erreichen sei, machten die Erteilung eines Unschädlichkeitszeugnisses zum Bedürfnis.

§ 3 wurde hierauf nach der Vorlage angenommen.

§ 4.

(Bem. 4, 39.) Von einem Mitgliede wurde zu Absatz 3 die Frage aufgeworfen, ob nicht auch gegen eine abweisende Entscheidung die Beschwerde zulässig sei.

Seitens des Regierungsvertreters wurde unter Hinweis auf die Begründung zum § 4 (Seite 12) entgegnet, daß, wie gegen alle Entscheidungen in Sachen der freiwilligen Gerichtsbarkeit, so auch hier gegen die Entscheidungen des Amtsrichters nach der allgemeinen Regel der §§ 19, 20 des Reichsgesetzes über die Angelegenheiten der freiwilligen Gerichtsbarkeit in Verbindung mit § 1 des Landesausführungsgesetzes hierzu die Beschwerde zulässig sei, und zwar, soweit nicht ein anderes für besondere Fälle bestimmt sei, die einfache, fristlose Beschwerde. Der Entwurf ergänze im § 4 Absatz 3 diese allgemeine Vorschrift nur dahin, daß gegen die Erteilung eines Unschädlichkeitszeugnisses nicht die fristlose, sondern nur die sofortige an eine Notfrist von zwei Wochen gebundene Beschwerde statthaft sei. Dies sei notwendig, um alsbaldige Klarheit über die infolge des erteilten Unschädlichkeitszeugnisses sich ändernde Rechtslage zu schaffen. Die Zulässigkeit der (einfachen) Beschwerde gegen eine Entscheidung, die das Unschädlichkeitszeugnis versage, brauche im Hinblick auf die angeführten allgemeinen Vorschriften im vorliegenden Entwurfe nicht ausgesprochen zu werden, und dies empfehle sich deshalb nicht, weil sonst Mißverständnisse daraus entstehen könnten, daß gerade diese und nicht auch andere Vorschriften Aufnahme gefunden hätten, die für das Verfahren nicht minder wichtig und aus den allgemeinen Vorschriften der Gesetze über die freiwillige Gerichtsbarkeit zu entnehmen seien.

Die Kommission schloß sich diesen Ausführungen an, wobei das Mitglied, das die Angelegenheit zur Sprache brachte, noch den Wunsch aussprach, die Regierung möge die Amtsgerichte mit einer entsprechenden erläuternden Weisung versehen.

Hierauf wurde § 4 angenommen.

Die §§ 5 bis 11

fanden, nachdem die Aussprache zwischen Kommission und Regierung zu einigen minder erheblichen Punkten zur Billigung der Bestimmungen des Entwurfs geführt hatte, die widerspruchslose Zustimmung der Kommission.

Zu § 9 Absatz 4 wurde seitens der Regierung erklärt, am Schlusse der allgemeinen Begründung Seite 7 finde sich ein Redaktionsversehen. Die Worte „im Gebiete des Zwischenrechts" hätten hier wegzufallen. Der Entwurf setze nämlich der Verwendung der den Amtsgerichten als Grundbuchrichter beigeordneten früheren Hypothekenbewahrer in dem Unschädlichkeitsverfahren keine auf die Zeit des Uebergangsrechts bemessene Schranke; so lange solche Beamte bei den Amtsgerichten Verwendung fänden, sollten sie auch die im Entwurfe dem Amtsgericht zugewiesenen Verrichtungen wahrnehmen können. (Bem. 4, 49.)

Die Kommission nahm Akt von dieser Erklärung und stimmte derselben bei.

Im Anschluß an die Beratung des Entwurfs wurde von einem Mitgliede noch folgendes zur Sprache gebracht:

Nachdem infolge des neuen bürgerlichen Rechtes das Vorzugsrecht des Grundstückverkäufers weggefallen sei, werde regelmäßig in den Verkaufsurkunden eine Sicherungshypothek für den Kaufpreis oder Restkaufpreis vereinbart. Häufig handele es sich hierbei, namentlich in ländlichen Versteigerungen, um kleine Beträge. Da nach dem jetzigen Rechte keinerlei Erneuerung der Hypotheken mehr erforderlich sei und somit die Hypothek nicht mehr wegen Ablaufs einer Erneuerungsfrist erlösche, so blieben diese Verkäuferhypotheken, auch wenn sie ausbezahlt seien, in großer Zahl im Grundbuch oder Eigentumsbuche stehen. Die Weitläufigkeiten und Kosten, die ihre Löschung erfordere, und die Gewöhnung an das frühere Recht, das mit dem Ablauf einer 10jährigen Frist das

Erlöschen des Vorzugsrechts von selbst herbeiführte, hielten die Beteiligten von der Erwirkung der Löschung ab. Es sei dringend zu wünschen, daß diesem Mißstande durch Aenderung der Reichsgesetzgebung, die zur Zeit dem parzellierten Grundbesitze, wie er in Elsaß-Lothringen bestehe, nicht genügend Rechnung trage, abgeholfen werde.

Diese Ausführungen wurden auch von anderer Seite bestätigt. Ein Mitglied wies darauf hin, daß das erwähnte formelle Bestehenbleiben zahlreicher getilgter Hypotheken in einiger Zeit zu einer wahren Kalamität führen werde. Es sei ihm bekannt, daß unter den Notaren Meinungsverschiedenheit darüber bestehe, ob es überhaupt geboten sei, in allen Fällen eine Sicherungshypothek für schuldige Grundstückskaufpreise zu bestellen. Allein es sei für den Notar bedenklich, die Beteiligten zur Unterlassung der Hypothekbestellung zu veranlassen oder bei der Urkundenaufnahme und der vom Notar erwarteten Beratung dem Gläubiger dieses Sicherungsmittel vorzuenthalten.

Der Regierungsvertreter erklärte, es sei anzuerkennen, daß das formelle Bestehenbleiben getilgter Hypotheken auf den Namen der Gläubiger, zumal nach Anlegung der Grundbücher mit öffentlichem Glauben, ein unerwünschter Mißstand sei, daß auch die Umschreibung der Hypothek auf den Namen des Eigentümers in Fällen der fraglichen Art dem Wunsche der Beteiligten nicht entspreche, und daß die Löschung wie die Umschreibung infolge der Notwendigkeit öffentlicher Beglaubigung der Löschungsbewilligungen bezw. der Quittung Kosten verursachen könnten, die mit der Höhe der hypothekarischen Forderung oft nicht im Verhältnisse stünden.

An eine Aenderung der Reichsgesetzgebung sei indessen in absehbarer Zeit kaum zu denken. Es müsse aber auch gefragt werden, ob hier tatsächlich ein nicht auf andere Weise zu beseitigender Mißstand vorliege und ob wirklich in allen Fällen, besonders wenn es sich nur um geringfügige Forderungen handele und eine Zwangsversteigerung des Grundstücks voraussichtlich nicht eintreten werde, die Bestellung einer Hypothek erforderlich oder auch nur angezeigt sei. In vielen Fällen könne sicher ohne Schädigung der Beteiligten von einer hypothekarischen Sicherung abgesehen werden und werde der Besitz eines vollstreckbaren Titels für die persönliche Forderung gegen den Schuldner genügen. Schon die Ueberfüllung des Grundbuchs und Eigentumsbuchs mit einer großen Zahl kleiner Hypotheken sei ein Uebelstand, und es empfehle sich wohl, daß die Notare die Beteiligten in dieser Beziehung sachgemäß belehrten und nicht auf die Bestellung einer Hypothek hinwirkten, wo nach den tatsächlichen Verhältnissen davon abgesehen werden könne, und die Kosten der Bestellung wie der späteren Löschung erspart werden könnten. Soweit eine Hypothek tatsächlich erforderlich oder angezeigt erscheine, könne auch in Frage kommen, dieselbe durch Vereinbarung der Parteien auf eine gewisse Zeit zu befristen und die Befristung in die Eintragungsbewilligung ausdrücklich aufzunehmen (vgl. § 874 B.G.B.). Unter Umständen, wo die Zahlung in gewisser Zeit mit Bestimmtheit zu erwarten sei, werde vielleicht dem Interesse des Gläubigers auf diese Weise genügend gedient, wie auch § 7 des Grundbuchgesetzes vom 22. Juni 1891 schon die Vereinbarung einer Frist für das Vorzugsrecht in Betracht gezogen habe. Alsdann werde die Hypothek mit Ablauf der vereinbarten Frist von selbst hinfällig, und es bedürfe nur eines einfachen Antrags des Eigentümers an das Grundbuchamt auf Löschung der hinfällig gewordenen Hypothek.

Ihre Kommission schlägt hiernach die Annahme des Entwurfs in unveränderter Fassung vor.

# Nachtrag.

Die Anwendung des Gesetzes über das Unschädlichkeitszeugnis wird eine Beschränkung erfahren durch das vom Landesausschuß bereits angenommene Gesetz über die Abtretung des Grundeigentums zu Meliorationszwecken, dessen Verkündigung zu erwarten steht. Dasselbe ermöglicht die Erwerbung von Grundstücksflächen zur Anlage von Feldwegen und ähnlichen Meliorationsarbeiten durch autorisierte Genossenschaften und Gemeinden in einem einfachen, an das Flurbereinigungsgesetz vom 30. Juli 1890 sich anschließenden Verfahren. Mit der Hinterlegung des „Zuteilungswerkes" geht nach § 7 Abs. 2 das Eigentum über und mit dem gleichen Zeitpunkt erlöschen die an den erworbenen Grundstücken bestehenden Rechte. Die Berechtigten haben an der Entschädigungssumme dieselben Rechte, die ihnen im Falle des Erlöschens ihres Rechtes durch Zwangsversteigerung an dem Erlöse zustehen. Im Falle der Erhebung eines Widerspruchs gegen die Zahlung der Entschädigungssumme kann ein Unschädlichkeitszeugnis nach § 8 des Ges. über das Unschädlichkeitszeugnis erwirkt werden (zu vgl. § 8 des zu erwartenden Gesetzes und oben S. 51).

# Sachregister.

Die fettgedruckten Ziffern weisen auf die Paragraphen, die anderen auf die Bemerkungen. Die Materialien (S. 33 bis 59) umfaßt das Register nicht; auf die einschlägigen Stellen der Materialien ist in den erläuternden Bemerkungen jeweils hingewiesen.

**Systematische Sammlung der in Elsaß-Lothringen geltenden Gesetze** (Fortsetzung).

gesetzbuch, die Wechselordnung, das Gerichtsverfassungsgesetz, die Civilprozeßordnung, die Konkursordnung, das Gesetz über die Zwangsversteigerung und die Zwangsverwaltung, ferner die sämtlichen zu diesen Gesetzen gehörigen Ein- und Ausführungsgesetze, die Gerichtskostengesetze und die Gebührenordnungen: alles mit auf Elsaß-Lothringen bezüglichen kurzen Erläuterungen versehen; der zweite Band enthält in der gleichen Bearbeitung die sämtlichen übrigen Gesetze und Verordnungen privatrechtlichen Charakters bis auf die neueste Zeit. — Ein ausführliches Register am Schlusse des zweiten Bandes gewährt einen vollständigen und sicheren Überblick über den heutigen Rechtszustand.

---

## Alte Möller'sche Gesetzsammlung.

Sammlung der in Elsaß-Lothringen geltenden Gesetze. Auf Anregung des Wirkl. Geheimen Raths Dr. von Möller bearbeitet und herausgegeben in Verbindung mit anderen reichsländischen Juristen von F. Althoff, ordentlichem Professor, R. Förtsch, Landgerichtsdirektor, A. Harseim, Justizrat und Gouvernementsauditeur, A. Keller, Oberlandesgerichtsrat und A. Leoni, Landgerichtsrat; 6 Bände und Register.

I. Band: Verfassungsrecht und Gesetzbücher. Mit Anhang: Kostengesetze und Gebührenordnungen. Lex. 8°. XXXI, 761 Seiten. 1880. (M 18.—) M 12.—

II. Band: Französische Einzelgesetze. Lex. 8°. V, 1007 Seiten. 1881. (M 18.—) M 12.—

III. Band: Deutsche Einzelgesetze. Lex. 8°. 1183 Seiten. 1881. (M 21.—) M 14.—

Registerband zum I.—III. Band: 1. Sachliche Übersicht der Gesetze. — 2. Alphabetisches Register. Lex. 8°. 181 Seiten. 1881. (M 3.50) M 2.50

IV. Band, die Gesetze von 1881—1885 enthaltend, mit alphabetischem Register für alle 4 Bände. Bearbeitet von R. Förtsch. Lex. 8°. XXXII, 815 Seiten. 1886. (M 18.—) Vergriffen.

V. Band, die Gesetze von 1886—1890 enthaltend, mit Register. Bearbeitet von R. Förtsch, Reichsgerichtsrat. Lex. 8°. XXXVIII, 981 Seiten. 1892. M 17.—

VI. Band, die Gesetze von 1891—1895 enthaltend, mit Gesamtregister für alle Bände. Bearbeitet von C. Jacob, Ministerialrat. Lex. 8°. XXXV, 1073 Seiten. 1896. Geheftet M 20.—, geb. M 22.—

Praktische Handausgabe des Bürgerlichen Gesetzbuches für Elsaß-Lothringen.

Das

# Bürgerliche Gesetzbuch

mit den

dazu gehörigen Nebengesetzen

für

## Elsaß-Lothringen.

---

**Bürgerliches Gesetzbuch**
**Gesetz über die Angelegenheiten der freiwilligen Gerichtsbarkeit**
**Grundbuchordnung**
**Gesetz über die Zwangsversteigerung und Zwangsverwaltung nebst den Einführungsgesetzen und den für Elsaß-Lothringen erlassenen Ausführungsgesetzen.**

Bearbeitet von

**Karl Paffrath** und **Franz Großmann**,
Landgerichtsräte in Straßburg.

XVI, 848 S. 1901. Geheftet M 3.—, in elegantem Halbfranzband M 4.—

---

Vorwort: Die vorliegende Ausgabe ist ein Abdruck aus der Systematischen Sammlung der in Elsaß-Lothringen geltenden Gesetze. Das Bedürfniß einer Handausgabe des Bürgerlichen Gesetzbuchs bedarf keiner weiteren Begründung. Daß dieses Bedürfnis zur Zeit schon mehr oder weniger Befriedigung erfahren hat, dürfte der vorliegenden Ausgabe ihre Berechtigung nicht nehmen. Sie enthält neben dem Bürgerlichen Gesetzbuch auch noch die wichtigeren Nebengesetze und die für Elsaß-Lothringen erlassenen Ausführungsgesetze und beschränkt sich nicht auf die bloße Wiedergabe des Gesetzestextes, sondern verweist in den Bemerkungen auf verwandte und ergänzende Bestimmungen und erleichtert dadurch den praktischen Gebrauch der Gesetze.

**Ausführungsgesetze.**

Das Gesetz, betreffend die Ausführung des Bürgerlichen Gesetzbuchs in Elsaß-Lothringen vom 17. April 1899 in der Fassung der Bekanntmachung des Kaiserlichen Statthalters vom 22. Dezember 1899. Erläutert von Hugo Molitor, Kaiserl. Landgerichtsrat in Straßburg. 8°. XXIV, 595 S. 1900. (*M* 10.50) Vergriffen.

Neue Auflage in Vorbereitung.

Das elsaß-lothringische Gesetz, betreffend die Ausführung des Reichsgesetzes über die Angelegenheiten der freiwilligen Gerichtsbarkeit vom 6. November 1899 nebst den zugehörigen Ausführungsverfügungen. Auf amtliche Veranlassung erläutert von Hugo Molitor, Oberlandesgerichtsrat. 8°. X, 242 S. 1901. Geheftet *M* 4.50, in Leinwand gebunden *M* 5.—.

Die Elsaß-Lothringischen Ausführungsgesetze und Verordnungen zu den Reichs-Justizgesetzen nebst einigen weiteren Gesetzen über Gewerbegerichte, Forststrafrecht, Erbbescheinigungen, Feld- und Fährpolizei-Übertretungen, Vormundschaften und Zwangsenteignung. Textausgabe mit französischer Übersetzung und Anmerkungen. Zweite verbesserte und vermehrte Auflage. — Les lois et ordonnances d'exécution des lois de justice de l'Empire d'Allemagne et les lois concernant les Prud'hommes, de Droit pénal forestier, les Certificats de Qualité d'héritier, les Contraventions en matière de police rurale et des bacs et bâteaux, les Tutelles et l'Expropriation pour cause d'utilité publique. Texte allemand et français avec annotations. 2e édit. revue et augmentée. 8°. 445 S. 1887. Geheftet *M* 5.—, gebunden *M* 6.30.

Siehe auch Justizgesetze.

Siehe auch Bürgerliches Gesetzbuch S. 3.

**Baurecht.**

Das Elsaß-Lothringische Baurecht, enthaltend eine systematische Darstellung der auf Bauten bezügl. Vorschriften des öffentlichen und Privatrechts, sowie eine Zusammenstellung der zugehörigen Gesetze und Verordnungen in deutscher Übersetzung. Herausgegeben von R. Förtsch, Kammerpräsident in Metz, und M. Caspar, Abteilungsbaumeister in Straßburg. 8°. XII, 394 S. 1879. (*M* 5.—) Vergriffen.

Neue Bearbeitung in Vorbereitung.

**Bergrecht.**

Entstehung und Beendigung des Bergwerkseigentums nach dem in Elsaß-Lothringen geltenden Rechte, von Dr. Otto Kusenberg. 8°. 115 S. 1905. Geheftet ℳ 2.—.

**Bürgerliches Gesetzbuch.**

Siehe S. 3 und Ausführungsgesetze S. 4.

**Erbbescheinigungen.**

Gesetz, betreffend die Ausstellung gerichtlicher Erbbescheinigungen und die Zuständigkeit der Amtsgerichte vom 10. Mai 1886. — Loi sur la délivrance de certificats judiciaires constatant la qualité d'héritier et la compétence des tribunaux cantonaux du 10 mai 1886. Texte allemand et français. 8°. 11 S. 1886. Kartoniert ℳ —.50.

**Erbschaftssteuergesetz.**

Das Erbschaftssteuergesetz für Elsaß-Lothringen. In amtlichem Auftrage erläutert und herausgegeben von Karl Jacob, Ministerialrat. Zweite, gänzlich umgearbeitete Auflage unter Zugrundlegung der Fassung vom 17. Juni 1900. 8°. VIII, 236 S. 1900. Geheftet ℳ 4.50, gebunden in Ganz-Leinwand ℳ 5.—.

**Feld- und Fährpolizei.**

Feldpolizeistrafgesetz vom 9. Juli 1888. Erläutert von Dr. A. Stiebe, Gerichtsassessor. 8°. XIV, 100 S. 1907. Kartoniert ℳ 1.60.

Gesetz, betr. die Bestrafung von Zuwiderhandlungen gegen die Vorschriften der Feld- und Fährpolizei, vom 30. März 1887.

Siehe Ausführungsgesetze zu den Reichsjustizgesetzen.

**Fischereigesetz.**

Das Gesetz für Elsaß-Lothringen, betr. die Fischerei, vom 2. Juli 1891. Im Auftrag des Ministeriums, Abtheilung für Finanzen, Landwirthschaft und Domänen, erläutert und herausgegeben von Freiherrn von Bibra, Ministerialrat, und Lichtenberg, Regierungsassessor. 8°. VI, 111 S. 1898. Amtliche Ausgabe. Geheftet ℳ 3.—, in Ganz-Leinwand gebunden ℳ 3.50.

**Forststrafrecht.** S.: Ausführungsgesetze zu den Reichsjustizgesetzen.

**Freiwillige Gerichtsbarkeit.**

Siehe: Ausführungsgesetze S. 4 und Bürgerliches Gesetzbuch Seite 3.

**Fuhrwesen.**

Die in Elsaß-Lothringen geltenden Gesetze über das Fuhrwesen. Übersetzt und herausgeg. im Auftrage des kaiserl. Oberpräsidiums. 8°. 52 S. 1877. Kart. ℳ —.60.

**Gemeindegesetzgebung.**

Die Gemeindeordnung für Elsaß-Lothringen vom 6. Juni 1895. Zweite auf Grund des Halleyschen Kommentars neu bearbeitete Auflage von Dr. Ernst Bruck. 8°. X, 444 S. 1905. Geheftet ℳ 5.—.
Gebunden in Ganz-Leinwand ℳ 5.50.

**Gewerbegerichte.** S.: Ausführungsgesetze zu den Reichsjustizgesetzen.

**Grundbuchordnung.** Siehe: Bürgerliches Gesetzbuch S. 3.

**Grundeigentum und Hypothekenwesen.**

Die elsaß-lothringischen Gesetze betreffend Grundeigenthum und Hypothekenwesen sowie die Einrichtung von Grundbüchern nebst den Kostengesetzen und Ausführungsverordnungen. Mit Erläuterungen herausgegeben von A. Leoni, k. Ministerialrat. 8°. VIII, 248 S. 1892. In Ganz-Leinwand gebunden ℳ 4.—.

**Jagdgesetze.**

Die Jagd- und Vogelschutzgesetzgebung in Elsaß-Lothringen. Von Dr. Ernst Bruck, Gerichtsassessor. 8°. 205 Seiten Text und 1 Bogen Register. 1907.
In Halbleinwand geb. ℳ 3.50.

Das Elsaß-Lothringische Jagdgesetz. Textausgabe mit französischer Uebersetzung und Anmerkungen von einem Mitgliede des Landesausschusses. — Loi sur l'exercice du droit de chasse en Alsace-Lorraine. Texte allemand et français avec annotations par un membre de la Délégation. 8°. 31 S. 1881. Kart. ℳ —.80.

Das Elsaß-Lothringische Jagdpolizeigesetz nebst der darauf bezüglichen Verordnung. Textausgabe mit französischer Uebersetzung und Anmerkungen von einem Mitgliede des Landesausschusses 2. Auflage. — Loi et ordonnance ministérielle sur la police de la chasse. Texte allemand et français avec annotations par un membre de la Délégation. 2e édit. 8°. 41 S. 1883.
Kartoniert ℳ —.80.

**Justizgesetze.**

Das Gesetz für Elsaß-Lothringen, betreffend die Aenderung verschiedener Justizgesetze, vom 13. Februar 1905 (Justiznovelle) nebst Ausführungs-Verordnungen und Materialien. Auf amtliche Veranlassung mit Erläuterungen herausgegeben von Hugo Molitor, Geh. Regierungsrat im Ministerium für Elsaß-Lothringen. 8°. VIII, 166 S. 1905. In Halbleinwand geb. ℳ 3.—.

Inhalt: I. Gesetz betr. die Änderung verschiedener Justizgesetze (Justiznovelle): Art. 1 (Notariats-Gesetz v. 23. XII. 1873 §§ 9, 10). — Art. 2 (Ausf.-Ges. zum Gerichtsverfassungsgesetz v. 4. XI. 1878). — Art. 3 (Ausf.-Ges. zum B.G.B. § 40, § 40a, Exkurs). — Art. 4 (Ausf.-Ges. zum Reichsges. über die Angel. der freiw. Gerichtsbarkeit, § 28, § 28a, § 56). — Art. 5 (Ausf.-Ges. zur Z.P.O. und K.O. § 7). — Art. 6 (Gerichtskostengesetz für Elf.-Lothr.). — Art. 7 (Gebührenordnung für die Notare). — Art. 8 (Schlußbestimmung).

II. Ausführungsverordnung. Verfügung des Ministeriums, betr. das Notariat und das Verfahren in Angel. der freiw. Gerichtsbarkeit, v. 28. II. 1905.

III. Materialien.

**Katastergesetz.**

Das Elsaß-Lothringische Katastergesetz vom 31. März 1884 und das Gesetz vom 6. April 1892 betreffend Abänderung des Katastergesetzes sowie Ausgleichung der Grundsteuer. Text mit französischer Uebersetzung und Anmerkungen von Dr. Wilhelm Gunzert, Mitglied des Landesausschusses. — Loi sur le renouvellement du cadastre en Alsace-Lorraine du 31 mars 1884 et sur la Péréquation des impôts fonciers du 6 avril 1892. Texte allemand et français avec annotations par Guill. Gunzert, député à la Délégation. 8°. 102 S. 1892. Kartoniert ℳ 1.—.

**Kirchenrecht.**

Das Staatskirchenrecht in Elsaß-Lothringen. Zusammenstellung der betreffenden Gesetze, Verordnungen, Staatsrathsgutachten und Ministerialverfügungen. Im Auftrage des Oberpräsidenten übersetzt und herausgegeben von E. Dursy, Kaiserl. Ministerialrat.

I. Katholischer Cultus. 8°. 1876. (ℳ 5.—) Vergriffen.

II. Protestantischer Cultus. 8°. XXII, 624 S. 1879. ℳ 8.—.

**Strafgesetze.**

Schöffenbüchlein für Elsaß-Lothringen. Ein Hilfsbuch für Schöffen, Amtsrichter, Amtsanwälte, Rechtsanwälte, Bürgermeister und Polizeikommissare, von R. Förtsch, Landgerichtsdirektor in Metz. — Manuel des échevins, d'Alsace-Lorraine. Guide pour Messieurs les échevins, juges et procureurs cantonaux, avocats, maires et commissaires de police. Traduction française par G. Gunzert, président de Chambre à Strasbourg. 8°. 432 S. 1881. Kartoniert ℳ 2.40.

**Unschädlichkeitserklärung.**

Gesetz über das Unschädlichkeitszeugnis vom 19. Juni 1906. Erläutert von H. Molitor, Ministerialrat. Erscheint im Laufe des Jahres 1907.

**Verwaltungsrecht.**

Theorie des französischen Verwaltungsrechts. Von O. Mayer, Professor des französischen Rechts an der Universität Strassburg. Gr. 8°. X, 533 S. 1886. (ℳ 10.—) Vergriffen.

**Vormundschaften.**

Siehe: Ausführungsgesetze zu den Reichsjustizgesetzen.

**Wassergesetz.**

Das Gesetz für Elsaß-Lothringen, betr. Wasserbenutzung und Wasserschutz, vom 2. Juli 1891. Im Auftrag des Ministeriums, Abtheilung für Finanzen, Landwirthschaft und Domänen, erläutert und herausgegeben von den Ministerialräten Jacob und Fecht. Mit Anhang, enthaltend die sonstigen wassergesetzlichen Vorschriften, die Ausführungsbestimmungen und eine Uebersicht über die Eintheilung der Wasser- und der Meliorationsbauverwaltung. 8°. IV, 180 S. 1892. Amtliche Ausgabe. Brosch. ℳ 3.—, in Ganz-Leinwand gebunden ℳ 3.50.

**Zwangsenteignung und Zwangsvollstreckung.**

Siehe: Ausführungsgesetze zu den Reichsjustizgesetzen.

**Zwangsversteigerung und Zwangsverwaltung.**

Siehe: Bürgerliches Gesetzbuch S. 3.

FSC
www.fsc.org
MIX
Papier | Fördert gute Waldnutzung
FSC® C083411

Kolibri 360 GmbH
Ferdinand-Jühlke-Straße 7
99095 Erfurt, Deutschland
produktsicherheit@kolibri360.de